ESTRATÉGIAS de ENSINO 26

ANA LÚCIA SILVA SOUZA

LETRAMENTOS DE REEXISTÊNCIA

poesia, grafite, música, dança: hip-hop

parábola

Capa e projeto gráfico: Andréia Custódio
Imagens da capa: banco de imagens - iStockphoto
Imagens miolo: banco de imagens - Stock.xchng e arquivo pessoal da autora
Revisão: Cristina Peres

CIP-BRASIL. CATALOGAÇÃO NA FONTE
SINDICATO NACIONAL DOS EDITORES DE LIVROS, RJ

S713l
Souza, Ana Lúcia Silva, 1963-
Letramentos de reexistência : poesia, grafite, música, dança : HIP-HOP / Ana Lúcia Silva Souza. - São Paulo : Parábola Editorial, 2011.
170p. : il. ; 23 cm. (Estratégias de ensino)

Inclui bibliografia
ISBN **978-85-7934-032-1**

1. Hip-hop (Cultura popular) - Brasil. 2. Rap (Música) - Aspectos sociais - Brasil. 3. Movimento da juventude - Brasil. 4. Música e juventude - Aspectos sociais - Brasil. 5. Letramento. I. Título. II. Série.

11-1955. CDD: 305.2350981
CDU: 316.346.32-053.6(81)

Direitos reservados à
PARÁBOLA EDITORIAL
Rua Dr. Mário Vicente, 394 - Ipiranga
04270-000 São Paulo, SP
[11] 5061-9262 | [11] 98763-3590
www.parabolaeditorial.com.br
parabola@parabolaeditorial.com.br

ISBN: 978-85-7934-032-1

1ª edição, 3ª reimpressão, setembro de 2025

REVERENCIO MINHA ANCESTRALIDADE

AGRADECIMENTOS

A Débora, Dimenor, Nathas, LGe, Soneca.

Aos participantes do grupo de pesquisa, meu agradecimento por me concederem seu tempo de vida, de conhecimento, de amizade.

Para essa nossa história, um salve!

Um salve também para Dinha, com quem comecei uma conversa boa demais e que me deu excelentes pistas para pensar e repensar as reexistências cotidianas.

Meu respeito às muitas pessoas com as quais tenho compartilhado reflexões, realizações, utopias.

Reverencio minha — inigualável — família e também agradeço às minhas amigas e aos meus amigos de longa data, e de todos os dias ...

"Como poderei viver, como poderei viver, sem a sua, sem a sua, sem a sua companhia?"

Tentei compreender a costura da vida. Me enrolei, pois a linha era muito comprida. (Música Grupo Tambolelê/MG - composição Grupo Tambolelê)

SUMÁRIO

NOTA DO EDITOR

Letramentos de reexistência —poesia, grafite, música, dança: hip-hop é um daqueles livros que provocam uma incomensurável esperança.

Trata-se de um título que nos fez modificar critérios editoriais para poder publicá-lo. Ele nos levou a suspender uma exigência quase inapelável quando se trata de aprovar um livro para publicação pela Parábola Editorial: vivemos repetindo e defendendo várias vezes, todos os dias, que não publicamos dissertações, nem teses. Eis-nos aqui trazendo a público um livro fruto de uma tese de doutorado defendida no IEL-UNICAMP em 26 de agosto de 2009, orientada pela professora Angela Kleiman, sob o título: *Letramentos de reexistência: culturas e identidades no movimento hip-hop*. Participaram da banca Roxane Rojo, Ana Lúcia Guedes Pinto, Lúcia Maria de Assunção Barbosa, Maria Nazaré Mota de Lima.

Desde o momento da defesa, a pertinência do tema e a personalidade fecunda de Ana Lúcia Silva Souza nos levaram a decidir transformar *Letramentos de reexistência: culturas e identidades no movimento hip-hop* no livro *Letramentos de reexistência — poesia, grafite, música, dança: hip-hop*.

É fundamental enfatizar: não se trata da mesma coisa. A tese está na origem do livro, que é autônomo em relação a ela. Para chegar ao livro, a tese foi remanejada, revista, redimensionada. Lida. Relida. Discutida com a Autora.

Ainda em torno da tese, há um registro incomum a ser feito: Ana Lúcia Silva Souza, diante da banca, afirmou que sua tese tem mãe... ela mesma, e pai: Egon Rangel, tão fecundo quanto a própria Analu e que está no ponto de partida, nas conversas, no impulso inicial para a feitura da pesquisa para a tese.

E da tese chegamos ao livro, instados por Roxane Rojo, que qualificou o termo "reexistência" como nova categoria a ser aplicada aos estudos de letramento.

Ao ampliar com a nova categoria de reexistência o alcance do letramento a ser buscado pelos professores e pelas professoras em escuta permanente de quem são e de como chegam, do que trazem para a sala de aula seus alunos e alunas, Ana Lúcia Silva Souza escreve um livro provocador e inspirador.

É essa provocação que queremos trazer a público. Ela provém de um olhar inovador e de absoluto respeito aos jovens e às jovens que atuaram como sujeitos da pesquisa e que são em tudo semelhantes aos que estão em sala de aula e que participam como sujeitos plenos de muitas atividades letradoras extramuros, extraescola, especialmente em ambientes ultraurbanos.

Estas páginas apontam para um novo patamar da reflexão sobre letramento, identidade, cultura da juventude, com destaque, como não poderia deixar de ser, para nossa imensa maioria negra... Por sinal, este livro quase poderia se intitular "Letramentos de reexistência em negro", uma questão até agora silenciada, que temos urgência em abordar, e o faremos em futuros próximos projetos orientados por Analu.

Ana Lúcia Silva Souza constrói seu tema e abre uma reflexão inadiável: ela classifica o movimento cultural *hip-hop* como uma agência de letramento e seus ativistas, em suas comunidades de pertença e naquelas com as quais estão em contato, como agentes de letramento.

Imaginemos as consequências desse postulado, cabalmente demonstrado, sobre a formulação de políticas públicas para o letramento de jovens e adultos que superem o que vem sendo feito em sala de aula e planejado nos gabinetes das instâncias educacionais em todos os níveis. E a Autora vai além: o reconhecimento desses sujeitos históricos como agentes de letramento nos leva a constatar a reinvenção de práticas de uso da linguagem que são implementadas levando em conta: a esfera escolar, a esfera do cotidiano e as esferas engendradas pelos movimentos de que os jovens fazem parte, especialmente os movimentos negros.

Então, será que podemos identificar letramentos múltiplos fora da escola, que nos levem para além dos espaços ratificados e socialmente legitimados como os únicos onde se podem manifestar usos socialmente legitimados da linguagem?

É a leitura das páginas a seguir que pode nos dar respostas para essa e outras muitas perguntas. O que se pode adiantar é que, sim, há vida e letramento fora da escola e muitos sujeitos históricos plenos, densos, aguardando um modo de articulação com o letramento que se tenta fazer dentro dela.

Marcos Marcionilo
São Paulo, maio de 2011

UM COMEÇO DE CONVERSA

O *hip-hop* — para muito além da expressão inglesa, que pode ser literalmente traduzida como balançar [*to hip*] o quadril [*hop*] — tem sido compreendido como um movimento social juvenil urbano enraizado no segmento populacional de baixo poder aquisitivo, a maioria negra e jovem, que historicamente ganha força nos Estados Unidos a partir do final dos anos 1970 e posteriormente se espalha pelas grandes metrópoles do mundo.

O universo *hip-hop* é marcado pela reflexão e crítica que faz em relação às desigualdades sociais e raciais por meio da poesia, dos gestos, falas, leituras, escritas e imagens que tomam forma pela expressividade de quatro figuras artísticas, a saber: o mestre/mestra de cerimônia — MC, o/a disc-jóquei — DJ, o dançarino ou a dançarina — *b.boy* ou *b.girl*, e o grafiteiro ou a grafiteira.

A articulação desses quatro elementos artísticos — a *performance* dinâmica de dançarinos e dançarinas; os desenhos de grafiteiros e grafiteiras; a poesia cantada do/as MCs e a manipulação das aparelhagens eletrônicas realizadas por DJ — constitui a base de sustentação do repertório da cultura *hip-hop* (Andrade, 1996; Silva, 1999).

A face mais expressiva do *hip-hop* está ancorada no *rap* — a poesia cantada que, para existir, precisa da junção de dois elementos: o DJ e o MC, o poeta que escreve e canta as letras de *rap;* já o DJ dá o tom ao discurso, que geralmente tematiza as desigualdades sociais, racismo, discriminações e violências de toda sorte.

Desde que chegou ao Brasil, no final de 1980, a cultura *hip-hop* tem-se mostrado cada vez mais complexa, congregando várias correntes ou tendências em torno dos modos de atribuir sentidos, ver e agir sobre a realidade. Uma dessas vertentes concentra-se em atividades revestidas de caráter contestatório e propositivo que tematizam, do ponto de vista político, as precárias condições de vida de grande parte da população. Isso significa ser *rapper*[1]: acima de tudo, disseminar as narrativas do cotidiano ao mostrar como vivem as pessoas, quais são seus sonhos, necessidades e formas de enfrentar os problemas, individual ou coletivamente.

A cultura *hip-hop* chama a atenção pela capacidade de aglutinar um grande número de jovens em torno das atividades que propõe: festivais, oficinas e encontros que envolvem a elaboração de grafites, as *performances* de dança e música, a produção de vídeos e a circulação de materiais informativos via impressa, eletrônica ou digital.

Para muitos ativistas, o *hip-hop* mostra-se como espaço de produção cultural e política em que uma série de práticas de uso social da linguagem são mobilizadas em função de suas necessidades. Ao participarem dessas práticas de uso da linguagem, seja na sua modalidade oral, escrita ou imagética, eles se envolvem em práticas de letramentos entendidas como "um conjunto de práticas sociais que usam a escrita, enquanto sistema simbólico e enquanto tecnologia, em contextos específicos" (Kleiman, 1995: 19).

[1] *Rapper* ou *hip-hopper* é o termo que designa as pessoas que mantêm relações com o universo do *hip-hop*, por meio de qualquer uma de suas expressões (Lindolfo Filho, 2005; Jovino, 2005).

Tais práticas de letramentos estão voltadas para a concretude da vida dos ativistas, relacionando-se às questões culturais e políticas e visando, de alguma maneira, ampliar suas possibilidades de inserção em um lugar de crítica, contestação e de subversão, no qual, como sujeitos de direitos e produtores de conhecimentos, possam forjar espaços e atuar dentro e fora da comunidade em que vivem. Inserir-se nesses lugares provoca a inscrição em uma complexa rede de relações sociais, na qual, por meio dos discursos, negociam-se a ocupação e a sustentação de formas de participação social compromissadas com as transformações das relações sociais e raciais.

É justamente a complexidade desse processo que me levou à investigação dos letramentos na cultura *hip-hop*, o que, necessariamente, implica aprender a indagar de que maneira essa inserção instiga práticas singulares de leitura, a escrita e a oralidade e afeta a construção das identidades sociais dos envolvidos.

Letramentos de reexistência teve como *corpus* de análise um conjunto de dados gerados por meio de questionários, entrevistas coletivas — *as rodas de conversa* —, entrevistas individuais e escritas autobiográficas, além do registro audiovisual de uma palestra e a capa de um CD produzido por um grupo de ativistas do movimento cultural *hip-hop* da periferia de São Paulo. Os objetos de análise foram, principalmente, os enunciados dos participantes do grupo, originados em situação de interação verbal oral, buscando apreender, linguístico-discursivamente, os efeitos da inserção na esfera de participação comunitária *hip-hop:* os processos de letramentos do grupo e os modos como se configuram suas identidades sociais permeadas pelo movimento cultural do qual fazem parte.

OBJETIVOS DESTE LIVRO

— Identificar no discurso dos ativistas selecionados aspectos que revelem o *hip-hop* como uma agência de letramento emergente.
— Identificar nos discursos dos participantes da pesquisa as práticas de letramento próprias ao universo cultural *hip-hop*.
— Discutir, a partir de uma abordagem enunciativo-discursiva, como são construídos, nas interações verbais, posicionamentos acerca

dos modos como os sujeitos percebem a si mesmos como ativistas do movimento cultural *hip-hop* e como sujeitos letrados.

— Contribuir para a compreensão das singularidades que informam o desenvolvimento de práticas sociais de usos da linguagem escrita e oral, em contextos sociais e culturais não escolares, e os possíveis efeitos desses engajamentos na configuração dos sujeitos como agentes comunitários de letramento.

PERGUNTAS ORIENTADORAS

— Que usos sociais da linguagem presentes no movimento cultural *hip-hop* permitem caracterizá-lo como uma agência de letramento?

— Quais são as singularidades das práticas culturais presentes nos discursos do grupo participante da pesquisa que permitem nomeá-los como agentes de letramento?

— Podemos falar de letramentos de resistência, uma vez que as práticas e os eventos de letramento dos ativistas engajados no movimento *hip-hop* derivam de suas identidades contestadoras?

— Como os participantes atribuem sentidos, produzem e comunicam, em interações, suas identidades de ativistas do movimento *hip-hop* e como essas identidades enunciadas produzem movimentos de identificação, de diferenciação e de reposicionamentos nas interações?

Responder a essas perguntas será nosso trajeto a partir de agora.

1 Os "modos de fazer" esta pesquisa

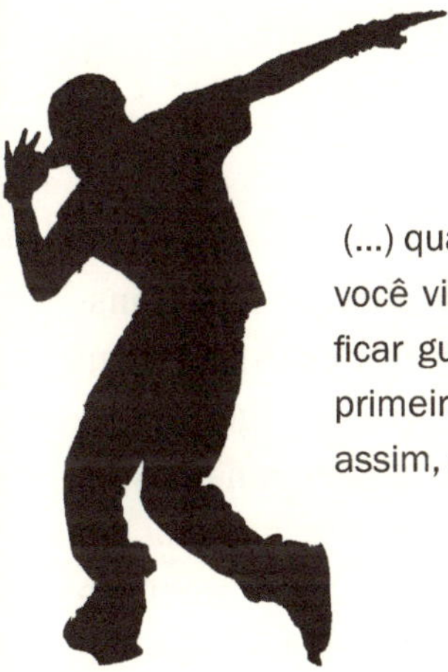

> (...) quando a Analu falou: eu tô fazendo um barato assim assim, você viu que eu fui o primeiro a falar assim: é mais um TCC pra ficar guardado lá nos livros de escola da playboizada? eu fui o primeiro a falar isso, meu, entendeu? foi quando ela virou e falou assim, nã:::o, eu tô fazendo isso, isso e isso...
>
> (Dimenor)

Interessa mostrar de que maneira, dialogicamente, foram puxados e compartilhados fios de saberes e questionamentos múltiplos de sentido e de contradições que deram vida às diversas vozes sociais que sustentaram as interações verbais das *rodas de conversa*, das entrevistas e das oficinas realizadas para a escrita deste livro. Compartilho aqui os aspectos que nortearam o processo de aproximação com o grupo de participantes, bem como os efeitos e implicações éticos e os compromissos que orientaram a constituição desse grupo. Apresento, também, os instrumentos de pesquisa, as situações de geração de dados e os sujeitos participantes da pesquisa.

No que se refere ao processo de geração de dados, coerentemente com a perspectiva adotada pelo projeto temático "Formação do professor: Processos de retextualização e práticas de letramento"[1], assumi o enfoque etnográfico, por considerar que as realidades são distintas e não podem ser comparadas; importante para a pesquisa é mergulhar nas realidades para conhecê-las. A interação é o meio que possibilita compreender os papéis e lugares sociais ocupados, valores e atitudes envolvidos nas situações forjadas na e pela pesquisa. Quanto à análise, também optei por uma abordagem de base qualitativa e privilegiei um enfoque interpretativo dos enunciados, visando apreender os sentidos, os valores e os efeitos atribuídos às práticas de letramentos no *hip-hop* e sua incidência nos processos de constituição identitária dos participantes.

O PROCESSO DE GERAÇÃO DE DADOS

Os discursos não estão prontos para serem acessados; eles são construídos nas interações entre pesquisadores e pesquisados, o que nem sempre se dá num passe de mágica, como por vezes pensam alguns setores da academia. Tal como diz Lahire (2002: 31): "As palavras não estão à espera de que um sociólogo venha coletá-las". A experiência vivida entre o início desta pesquisa e sua finalização ampliou minha compreensão dos "cuidados em relação aos caminhos metodológicos traçados" (Lahire, 2002: 31). Na relação com os sujeitos do dizer que aceitaram ser coconstrutores desta pesquisa, percebi que um estudo que se pretende sério não é apenas cuidadoso. É, sobretudo, compromissado.

Em que consiste esse compromisso? Em simplesmente agradecer pelos depoimentos e entrevistas obtidos? Se alguma vez acreditei que isso era suficiente, os sujeitos de minha pesquisa me disseram em alto e

---

[1] Projeto desenvolvido pelo grupo de pesquisa "Letramento do professor", coordenado pela Dra. Angela Kleiman, que congrega mais de 30 pesquisadores de seis universidades do Brasil.

bom som: "Não". A organização e o desenvolvimento deste livro ganham contorno e dinâmica singular quando os sujeitos, convidados a participar da pesquisa, recusaram o convite e, com propriedade, disseram: "Não queremos mais ser tratados como objeto de pesquisa para acadêmico vir aqui e ganhar título". Foi essa a lição que aprendi quando fiz o primeiro e único contato com um dos grupos. A "batalha" de ideias já começava. Saliento que a primeira experiência de aproximação, que a princípio pareceu frustrada, ao fim mostrou-se fundamental para o trabalho que posteriormente se desenvolveu, com outro grupo.

Em agosto de 2003, fiz contato com um grupo que acabou não participando do processo de geração de dados, que começou um ano depois. O que, à primeira vista, parecia uma aproximação tranquila, logo foi substituído por uma inquietação, por um incômodo. Em nosso encontro, contei qual era minha atuação na área de estudos das relações raciais e minha militância no movimento social negro, o que me levou a uma aproximação afetiva com o *hip-hop* e o respeito pelo trabalho desse grupo que, entre suas atividades, incentivava práticas de leitura em âmbitos diversos. Eu lhes atribuía lugar e valor importante para a juventude negra.

Alguns jovens do grupo, depois de me ouvirem com atenção, passaram a discorrer sobre suas frustrações com o universo acadêmico. Diziam que, por diversas vezes, haviam sido objeto de estudo e que pouco ou nada sabiam sobre o desenvolvimento e a finalização dos trabalhos, a não ser quando os viam publicados, algumas vezes sem mesmo ter um exemplar em mãos.

Estavam fartos da situação e não se prestariam mais a isso, embora sabendo de minha trajetória no movimento negro. Mesmo assim, pediram que enviasse o projeto via *e-mail*. Diante da recepção não muito calorosa, me retraí. Naquele momento, me faltaram elementos para alcançar os muitos sentidos que podem ser atribuídos a determinada situação, ainda que os envolvidos compartilhem, de certa forma, o mesmo universo cultural e social. Percebi que o fato de ser negra não necessariamente validava minha presença como pesquisadora entre eles. Na leitura deles, eu fazia parte do mesmo universo de pesquisadores que anteriormente os tomara como objeto de estudo.

A postura de recusa que os jovens adotaram fez sentido quando, ao procurar outros grupos e coletivos, deparei com a mesma argumentação: não queremos mais ser objeto de pesquisa, queremos ser participantes ativos. Nesse percurso, que durou de agosto de 2003 a agosto de 2004, reafirmei a crescente importância da cultura *hip-hop* e ampliei meus conhecimentos sobre as diversas formas do movimento. As descobertas resultaram na opção de trabalhar com ativistas de diferentes grupos, o que permitiria buscar as diversas configurações do *hip-hop*. Para a continuidade da investigação, segui as premissas da pesquisa qualitativa, adotada nos estudos do letramento, que leva em conta a existência de relações de poder e de disputa por lugares socialmente legitimados em relação aos usos da escrita, desde os primeiros contatos entre os sujeitos da pesquisa.

Considerando que o discurso é por natureza dialógico, os encontros foram os espaços nos quais os enunciados, sempre dirigidos a um outro, ganham sentido, pois a presença do pesquisador necessariamente contribui para a modificação do ato enunciativo (Amorim, 2004).

Durante o processo de investigação, foram construídos um lugar, um olhar e uma postura de pesquisadora. Ao trabalhar com sujeitos portadores de conhecimentos e de sentidos sobre as coisas do mundo — muito diferentes dos sentidos por mim atribuídos —, há a necessidade de construir uma escuta que acolha e interprete os enunciados, garantindo uma postura ética e responsável diante dos sujeitos e de suas histórias. Meu discurso é um entre discursos diversos.

O retrato que consigo fazer do grupo pesquisado é lugar de exotopia, de tensões, por conta da diferença de lugares, de valores entre quem retrata e quem é retratado. Considerando que os olhares da pesquisadora e dos pesquisados sobre um objeto não são coincidentes, minha tarefa foi "tentar captar algo do modo como ele [o pesquisado] se vê, para depois assumir plenamente meu lugar exterior e dali configurar o que vejo do que ele vê" (Amorim, 2004: 14). Exercício que busquei realizar no exercício de trazer as singularidades das práticas de letramentos do movimento *hip-hop*.

Outro aspecto a ser considerado é o da responsabilidade em relação ao que o pesquisador vê de seu lugar "singular e único", como um lugar de assinatura, de chancela em relação ao *que* e *como* responde ao que vê. Por haver uma diferença de olhares e de valores no compromisso de comunicar as percepções, é igualmente importante que os sujeitos conheçam as leituras realizadas sobre eles mesmos, já que elas são feitas por outros.

Numa relação dialógica, pesquisador e pesquisados precisam assumir que os diferentes contextos nos quais as pessoas se encontram são "uma arena onde diferentes valores se afrontam, engendrados nas diferentes posições sociais que ocupamos" (Amorim, 2003: 19). É nesse sentido que se deve entender o discurso "enquanto acontecimento em que a diferença entre valores desempenha papel fundamental na produção de conhecimentos" (p. 18). Entender essa equação é fundamental para que a ocupação de lugares distintos não necessariamente implique sujeições e hierarquizações, mas um lugar de trocas, de negociações, de aprendizagens.

A CONSOLIDAÇÃO DO GRUPO DE PESQUISA

Grande parte dos *rappers* com os quais fiz contato, que também invocaram os mesmos argumentos do grupo inicial, eram organizadores, entre outras atividades, da Semana Cultural *Hip-hop*, evento apoiado pela ONG Ação Educativa — Assessoria, Pesquisa e Informação[2], com o objetivo geral de fortalecer e dar visibilidade à produção cultural dos grupos.

Foi em uma dessas reuniões de preparação da Semana *Hip-hop*, no início de julho de 2004, que apresentei a cerca de 15 pessoas minhas intenções de pesquisa. A maioria demonstrou forte desconfiança e descrédito em relação ao projeto, por ser acadêmico. A primeira interpelação veio de Dimenor:

> Quando a Analu falou eu tô fazendo um barato assim, assim, você viu que eu fui o primeiro a falar assim: é mais um TCC pra ficar guardado lá nos livros de escola da playboizada? eu fui o primeiro a falar isso, meu, entendeu? foi quando ela virou e falou assim: nããão, eu tô fazendo isso, isso e isso... (Dimenor, 2004).

---

[2] É uma organização não governamental sediada na região central de São Paulo que, desde 1994, desenvolve e apoia projetos nas áreas de direitos da educação e políticas para a juventude, buscando influir na área de formulação de políticas públicas [**www.acaoeducativa.org**].

A voz de Dimenor está em choque com a voz da academia, ancorada no modelo de pesquisa positivista, que se diz isento das relações com a sociedade. Já para Dimenor, o trabalho acadêmico não tem devolutiva para os "objetos" da pesquisa. Ele é uma produção dirigida a determinado grupo que tem dinheiro, acesso aos livros, ou seja, para os "pares". Essa resistência se destinava à academia como um todo e a mim, como pesquisadora. Mesmo negra e com meu histórico de ativista, ali eu era uma pesquisadora inserida no universo acadêmico. A escolha de palavras de Dimenor mostra os diferentes lugares que pesquisador e pesquisado ocupam: *barato* e *playboizada* simbolizam sua visão irônica da importância que a academia atribui a um trabalho que irá ficar guardado, sendo acessado apenas por uns poucos.

Ainda que eu respondesse e frisasse que a adesão seria voluntária e não teria vínculo necessário com o trabalho desenvolvido na Semana ou com a Ação Educativa, eles retomaram os argumentos do primeiro grupo contatado: os trabalhos não retornam ao movimento, não havia socialização dos conhecimentos produzidos e, em alguns casos, sequer havia um retorno verbal sobre o material gerado em campo. Disseram estar cansados de ser objeto de pesquisa e, entre outros aspectos, queriam que eu explicasse o papel deles no trabalho, o destino do material, qual seria o produto.

A sabatina mostrou-se produtiva, pois agendamos novo encontro e, a partir dele, vários outros, nos quais os dados foram gerados, num modo de fazer pesquisa que foi dinâmico e tenso, configurando-se como um espaço de aprender e ensinar para todos nós.

Desde o primeiro encontro agendado, considerando os diferentes lugares e as tensas relações de poder entre os participantes, o grupo apontou quais eram seus interesses:

(i) ler e debater materiais sobre relações raciais;
(ii) aprender estratégias para desenvolver oficinas;
(iii) participar e realizar palestras em espaços que não fossem os do *hip-hop*;

(iv) além de publicar artigos e poder entender um pouco mais sobre como se faz pesquisa acadêmica, ampliando seus conhecimentos sobre as temáticas discutidas.

Além disso, e, sobretudo, indicaram que gostariam de ver partilhados e divulgados os estudos e as análises feitos tanto com eles como com outros coletivos do universo *hip-hop*.

AS SITUAÇÕES E OS INSTRUMENTOS PARA GERAÇÃO DE DADOS

O processo de geração de dados foi pensado para contar com quatro instrumentos de pesquisa: os questionários, as *rodas de conversa*, as entrevistas individuais e as autobiografias. Foram realizados oito encontros, no período entre junho e dezembro de 2004. Os dados gerados durante esses encontros, principalmente as *rodas de conversa*, foram gravados em áudio e alguns, fotografados.

Durante o período de geração de dados, e também posteriormente, foi possível acompanhar o envolvimento dos jovens em diversas atividades, algumas delas motivadas por nossos encontros, tais como a preparação de palestras e oficinas para jovens, estudantes de pedagogia e professores da rede oficial de ensino. Além disso, os jovens fizeram circular, durante os encontros, um amplo conjunto de documentos e materiais, tais como matérias de jornais, que diziam respeito ao trabalho de alguns deles; fanzines elaborados por eles; panfletos de *shows* e eventos; rascunhos de letras de música; agendas pessoais de anotações; projetos escritos, CDs e fotografias.

É importante salientar que, embora tenhamos gerado uma quantidade significativa de dados, concentraremos nossa análise nas *rodas de conversa* e em uma palestra que eles realizaram para estudantes de pedagogia, por darem perfeita ideia das situações de interação que refletem as práticas de letramentos e as identidades em construção. Os outros dados são importantes para compor um perfil mais apurado e próximo da relação desses jovens com o complexo movimento *hip-hop*.

O primeiro instrumento utilizado foram os questionários, com o objetivo de conhecer o perfil socioeconômico dos participantes. Eles geraram informações sobre as condições de vida e as práticas de leitura em que eles estavam envolvidos, bem como permitiram identificar os acervos de que dispunham. As questões foram organizadas em torno de âmbitos ou contextos considerados relevantes em nossa sociedade — condição socioeconômica; práticas de leitura e acervos; âmbitos de convivência e socialização. Outras questões se referem à capacidade de autoanálise, interrogando-os sobre como leem, falam ou escrevem em diferentes situações ou, ainda, dizem respeito à execução de atividades variadas e a sua frequência.

Os questionários acabaram por suscitar o primeiro tema debatido nas *rodas de conversa*. Já demonstrando autonomia e capacidade de crítica e reflexão sobre materiais e práticas de leitura, um dos jovens rasurou o questionário, acrescentando na lista sugerida de acervo de leitura um item que, em sua opinião, faltava: o *fanzine*. Após esse contato inicial, já pleno de contestação, fui entrevistando os jovens individualmente à medida que os encontros coletivos foram acontecendo.

Tanto as entrevistas como os encontros, estruturados em *rodas de conversas*, aconteceram na sede da Ação Educativa. Para isso, foi usado o espaço de reuniões da secretaria executiva, com todos os participantes dispostos confortavelmente em cadeiras móveis em torno da mesa oval. Geralmente, o ambiente estava silencioso e as reuniões aconteciam à noite, entre 19 e 22 horas.

As entrevistas foram usadas como importante estratégia para a geração de dados, mediante um roteiro com perguntas semiestruturadas, que funcionaram como tópicos orientadores dos diálogos. Essa técnica mobilizou os informantes a elaborarem versões de suas histórias de vida e a selecionarem acontecimentos que consideraram preponderantes em suas trajetórias como usuários da escrita (Vóvio; Souza, 2005).

Outro instrumento previsto para o processo de geração de dados foi a autobiografia gerada de forma não convencional. Chamo de autobiografias as narrativas escritas por eles sobre si mesmos, que não necessariamente vieram estruturadas em um depoimento escrito e formalizado. Combinamos que as autobiografias, solicitadas como uma atividade a ser feita fora da roda, seriam lidas por todos no encontro seguinte. Três dos cinco participantes as entregaram.

As *rodas de conversa* consistiram em seis discussões, com duração média de duas horas, em torno de temas que envolveram os participantes em um processo interacional, conduzido de maneira flexível. Nesses momentos, os temas foram acordados pelo grupo, geralmente como forma de dar continuidade a um tópico que ganhara importância no dia. Os temas foram os seguintes:

(i) o que gosta de ler;
(ii) relações raciais na sociedade brasileira;
(iii) autobiografia — leituras na casa e na escola;
(iv) qual a importância do *hip-hop* para a educação;
(v) quais são as relações entre *rap*, leitura e literatura.

Criou-se um âmbito de discussão que, apesar de focado em um tema, não tirou as possibilidades de digressões e debates, de um intenso processo de trocas.

A proximidade entre a pesquisadora e o grupo e entre os integrantes do próprio grupo não significou o afrouxamento de tensões e conflitos durante as interações. No ambiente, havia um grupo de *rappers* meio reticente em aceitar falar de si e do mundo na presença de uma pessoa inserida no meio acadêmico. Não mais se tratava de reuniões para organizar algum tipo de atividade voltada para o movimento, mas sim de uma situação na qual essas experiências socioculturais seriam desveladas, por meio da linguagem, descortinando trajetórias de sujeitos com histórias distintas.

Mesmo assim, a marca dos encontros foi dada pelo estilo dinâmico, irônico, mordaz e envolvente do grupo. Fui construindo e assumindo as interações como um espaço de ouvir e falar. Procurei encaminhar minimamente as *rodas*, uma vez que os temas surgiam em meio a discussões polêmicas. Minhas intervenções tinham o propósito de mediar as discussões, de maneira que os diferentes pontos de vista pudessem ser expostos. Para o grupo, os encontros foram, gradativamente, se transformando em espaço valorizado de trocas, de sociabilidade e de aprendizagens.

Figura 1: Participantes da pesquisa. © Analu
Da esquerda para a direita - **Soneca** (Jean Carlos Furio) **Dimenor** (Rodrigo de Oliveira Vicente);
Débora Pavani Motta; **LGe** (Leandro Gomes) [agachado, à direita da foto] e
Nathas (Jonata Marques de Oliveira) [agachado à esquerda da foto].

Cinco pessoas, quatro homens e uma mulher, assinaram o termo de compromisso elaborado pelo grupo "Letramento do professor" e permaneceram durante boa parte do trabalho. Débora teve participações irregulares em todas as situações e aplicações dos instrumentos, pois se preparava para o vestibular. O contato mais estreito efetivou-se com Dimenor, LGe, Soneca e Nathas.

A forma como eles quiseram ser nomeados foi explicitada desde o início. Os nomes acima são a forma pela qual são conhecidos no universo *hip-hop*, como MCs; mesmo quando escrevem artigos, adotam seus nomes "reais" entre parênteses. A questão da autonomeação é importante, por estar relacionada a escolhas políticas, especificamente à nova identidade política assumida no âmbito da participação social. Contrariamente às teses das teorias semânticas para as quais os nomes não passam de etiqueta, "é preciso pensar além da semântica dos nomes próprios para encarar o fenômeno de nomeação como um ato eminentemente político" (Rajagopalan, 2003: 82).

Os coletivos e os grupos musicais aos quais os participantes desta pesquisa estão filiados revelam a mesma preocupação em demarcar seus compromissos e objetivos. Dimenor e LGe pertencem ao grupo *Enraizados*, que tem sede no Rio de Janeiro e mantém relações com São Paulo e outros estados. O grupo musical ao qual pertencem chama-se *Submundo Racional*. Já Soneca e Nathas integram o grupo musical *Lado Obscuro*. Débora apresentou-se como uma das integrantes do coletivo *Só Pra Causar*, formado majoritariamente por mulheres e especialmente para o evento da Semana *Hip-hop*, pois a participação era condicionada à vinculação a coletivos ou grupos.

PERFIL DOS ATIVISTAS

Débora — negra, 19 anos, ensino médio completo, solteira, moradora da região de Taboão da Serra, Grande São Paulo. Participa de diversas atividades relacionadas ao movimento *hip-hop*, articulando palestras junto a grupos que discutem relações raciais e questões de gênero.

Dimenor — negro, 25 anos, ensino médio completo, casado, pai de um filho, auxiliar de escritório, morador da região do Ipiranga. Escreve, canta, tem diversas músicas registradas e é articulador do movimento *hip-hop* junto a instituições diversas. Participa ativamente do movimento.

Soneca — branco, 29 anos, ensino médio completo, casado, ajudante geral, morador da região do Ipiranga. Escreve, canta, é músico com registro, participa de palestras e organizações junto a outros grupos de *hip-hop*.

Nathas — negro, 19 anos, ensino médio completo, solteiro, morador da região do Ipiranga, repositor de mercadorias em grande rede de supermercados. Participa do movimento, canta e escreve letras. Participa esporadicamente de palestras.

LGe — negro, 26 anos, ensino médio completo, morador da zona Leste — Cohab de Itaquera I, solteiro. Participa ativamente do movimento *hip-hop* e outros que digam respeito a questões raciais e juventude. Escreve letras de *rap* e ministra oficinas e palestras sobre o movimento.

Embora contenha dados importantes para aferir o perfil socioeconômico e cultural desses jovens, o perfil apresentado pouco diz da complexidade de qualquer identidade social dos "da periferia".

São muito recorrentes, nas letras de *rap* e nos discursos do movimento, temas que aparecem encapsulados na fórmula "periferia": pobreza, racismo, discriminação, relações familiares, importância do movimento *hip-hop*... Ser de periferia significa encarar discriminação social e racial, não ter acesso a bens públicos de qualidade, ver os "irmãos" morrendo ou sendo presos, viver a realidade do desemprego, das drogas e da violência. Além disso, é explícita a importância da família para se sustentar diante dessas adversidades e, ao mesmo tempo, buscar saídas. Participar de um movimento como o *hip-hop*, que tem como cerne a questão da resistência e da transformação, é fundamental para que se possam escrever outras histórias.

Desde o início da década de 1970, em São Paulo, a precariedade da periferia fomentou uma aliança entre os que vivem nela, colocando-os como protagonistas dos processos de reivindicação de melhorias e de direitos. Atualmente, ser morador de periferia, além da precariedade, pode significar também ser agente de mudanças. É justamente o caráter e a forma de comportamento coletivo dos moradores de periferia, bem como suas dinâmicas de vida, sua atuação política, seu cotidiano, suas formas de sociabilidade marcadas pelas soluções diante dos problemas, pela resistência, o que tem conferido a esses espaços outros olhares.

A máxima usada pelo *hip-hop*, periferia é periferia em qualquer lugar, espelha que quem está mais sujeito a essas coerções sociais é a juventude. Os indicadores sociais não se cansam de repetir: o segmento mais vulnerável encontra-se entre os jovens, negros, do sexo masculino. Dados[3]

[3] No Brasil, são 34 milhões de pessoas entre 15 e 24 anos. Destes, 16 milhões são negros. Para cada homicídio praticado contra brancos entre 15 a 18 anos, há 2 mortes de negros na mesma idade. Em 2000, morreram 3 mil jovens negros e 1,8 mil brancos, vítimas de violência. O desemprego atinge, em média, 34% de jovens negros e 28% de brancos. Jovens negros entre 15 e 18 anos, nas áreas metropolitanas brasileiras, têm taxa de desemprego superior à média para a população adulta total: entre 17% e 23%. Fonte: Unicef (2005).

apontam ainda que os casos de violência têm lugar com dia e hora marcados para acontecer: geralmente nas periferias, nos finais de semana e à noite. É nesses lugares que vivem os jovens participantes desta pesquisa. Denomino os participantes da pesquisa como "jovens" com base em um conceito sociocultural mais amplo de juventude. Em suas narrativas, percebe-se a categoria juventude não como um grupo homogêneo, caracterizado apenas pela faixa etária, mas também por outras variáveis relativas às condições de vida e ao pertencimento racial, assim como à participação comunitária. Torna-se necessário entender a categoria social juventude como construção cultural em sua diversidade.

Determinadas atitudes dos jovens foram constantes, tais como: chegar no horário, trazer materiais referentes ao *hip-hop*, trazer informes sobre eventos culturais ou políticos que iriam acontecer na cidade, anotar nas agendas as datas e temáticas discutidas. Parece-me que essas atitudes são sinais de que os encontros ganharam densidade e importância. Ao longo dos encontros, percebeu-se maior proximidade entre mim e o grupo; proximidade permeada por afetividade, compromisso e tensões.

Durante o período de pesquisa nos organizamos para contemplar a reciprocidade quanto aos resultados do trabalho: para mim, pesquisadora, o encerramento do doutorado e muita história para contar como ativista do movimento negro e como educadora; para eles, a publicação de um artigo sobre *hip-hop* e educação e, depois disso, em dezembro de 2004, a criação de um grupo de trabalho denominado *Hip-hop Educando*. Nas palavras deles, um dos efeitos da pesquisa foi possibilitar a ampliação do entendimento sobre a atuação deles e sobre o potencial educativo do movimento *hip-hop*.

Como membros do grupo *Hip-hop Educando*, eles viveram muitos momentos que estão registrados em sua trajetória. Entre eles, temos a participação como palestrantes convidados da mesa de encerramento do Congresso de Leitura — COLE de 2006, na Unicamp; a participação em cursos de formação continuada para professores no Projeto Teia do Saber e em uma faculdade de pedagogia; a participação em um DVD sobre os aspectos educativos da cultura *hip-hop* pela Secretaria de Educação do Estado para o Ensino Médio em Rede em 2006; e um livro sobre *hip-hop* voltado para os jovens.

Chamou a atenção o cuidado com a prática de organizar a memória dos acontecimentos: pastas com folhetos, prospectos, certificados, CD, DVD. Esses documentos materializam o que Gee (1990) classifica como portfólios: diferentes formas que as pessoas arranjam para registrar e organizar seu currículo, legitimando a posse de conhecimentos. Parte de seu significado está em poder mostrar suas trajetórias em um mundo que exige cada vez mais uma comprovação de saberes para atender às demandas de todo instante. Para os ativistas, o processo de pesquisa e os resultados têm sido cartão de apresentação de suas identidades e imagens construídas no percurso.

2 Letramentos de reexistência no cotidiano

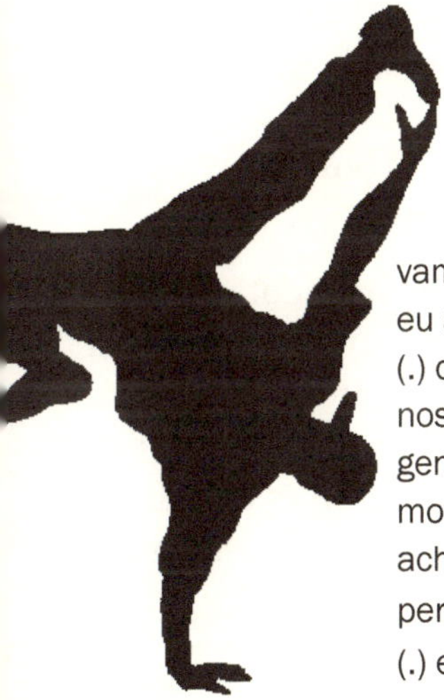

vamos supor em (discussão de) raça[1] (.) então (.) eu acho que contribui muito porque assim (.) uma das (.) características do *hip-hop* né (.) é sei lá (.) é resgatar nossas origens — (.) é/ (.) se aprofunda:::r (.) por que que a gente tá nessa (.) nessa situação/ (.) por que que nós temos essa (.) essa condição né (.) que não é outra (.) acho que contribui pra isso daí (.) pra despertar (.) ele desperta (.) essa (.) curiosidade (.) esse debate (.) entendeu? (.) ele desperta isso daí.

(Nathas)

[1] Ressalto que a expressão "raça" distancia-se do sentido biológico e tem existência como uma construção sócio-histórica. Por isso, ela possui efetividade e é real apenas no mundo social (Munanga, 2004).

As perspectivas teóricas aqui apresentadas me permitirão analisar as singularidades das práticas de letramentos na cultura *hip-hop*. Discorrerei sobre os postulados advindos dos novos estudos sobre letramentos múltiplos e heterogêneos (Street, 1984; Gee, 1990; Kleiman, 1995, 2006a; Barton e Hamilton, 2000; Rojo, 2009), cujas premissas atribuem importância à perspectiva sociocultural das práticas de usos da linguagem. Além disso, apresentarei estudos que, na perspectiva histórica, tratam de aspectos relacionados à educação da população negra no Brasil (Barros, 2005; Fonseca, 2005; Araujo e Silva, 2005, Cunha, 2005, Cardoso, 2005; Cruz, 2005; cf. ainda estudos relacionados à educação da população negra no Brasil, especialmente após a promulgação da Lei 10.639/03 — que altera a LDB e inclui no currículo oficial dos estabelecimentos de ensino básico das redes públicas e privada do país a obrigatoriedade de estudo da temática história e cultura afro-brasileiras). Em seguida, trarei as contribuições dos estudos culturais, em especial as de Hall (2003a, 2003b), que permitem adensar a discussão das noções de cultura e identidades negras. Finalizarei com o destaque de aspectos da visão bakhtiniana de linguagem, fundamental para a discussão sobre letramentos no *hip-hop,* uma vez que, ao considerar a linguagem como de natureza social, ela se mostra produtiva para considerar as particularidades dos discursos em relação ao lugar e à posição que os sujeitos ocupam no quadro da dinâmica política e econômica.

Em consonância com a concepção de letramento adotada, tomo como referência as etapas que configuram o método sociológico de análise proposto por Volóshinov/Bakhtin ([1929] 1995). Antes de chegar ao enunciado, é preciso tratar das formas e dos tipos de interação verbal, em ligação com as condições concretas em que se realizam as formas das enunciações conectadas com a dinâmica da vida e a criação ideológica a que os enunciados se prestam nas interações verbais.

Para iniciar a discussão com as singularidades dos usos sociais da linguagem escrita e inscrita no universo *hip-hop*, tomo como válidas as perspectivas dos novos estudos de letramentos, que compreendem as práticas de letramentos como múltiplas e historicamente situadas. Longe de serem homogêneas, pois modeladas e construídas culturalmente, são marcadas pela heterogeneidade e estão relacionadas aos papéis e aos lugares sociais que ocupamos, ou somos impelidos a ocupar, na sociedade.

Os letramentos, para além das habilidades de ler e escrever, podem ser mais bem compreendidos como "um conjunto de práticas sociais, cujos modos específicos de funcionamento têm implicações importantes para as formas pelas quais os sujeitos envolvidos nessas práticas constroem relações de identidade e de poder" (Kleiman, 1995: 11). Essa concepção obriga a considerar os diferentes valores, funções e configurações que o fenômeno assume para os diversos grupos, a depender dos contextos locais e de referenciais culturais específicos e também da estrutura que caracteriza os processos sociais mais amplos.

Ao enxergar o caráter social e plural das práticas de letramentos, validam-se tanto as práticas adquiridas por meio de processos escolarizados, nas esferas mais institucionalizadas, como as adquiridas em processos e espaços de aprendizagem em distintas esferas do cotidiano (Barton & Hamilton, 2000). Tais ideias contribuem para o entendimento dos múltiplos sentidos atribuídos à linguagem, aos diferentes modos de ler, escrever e falar que caracterizam as histórias e trajetórias de letramentos dos diferentes grupos.

Uma das marcas da cultura *hip-hop* é a intimidade com que ela combina e recombina, sem hierarquizar, os multiletramentos em produções que mesclam mídias orais, verbais, imagéticas, analógicas e digitais. O universo dessa cultura leva em conta tanto as práticas educativas das quais os jovens compartilharam na esfera escolar, que nem sempre têm precedentes em seus grupos de origem, como aquelas produzidas por eles na esfera do cotidiano, atribuindo-lhes significados, objetivos, e tornando-as próprias. Além disso, os letramentos no *hip-hop* também são sustentados por práticas engendradas pelos movimentos sociais negros que historicamente reivindicam direitos, inclusive na área de educação.

Interessam-me elementos que ampliem o olhar em relação ao modo como entendemos letramentos, no plural. Em especial, ao considerarmos variáveis ainda pouco estudadas — raça e gênero — e, ainda, quando começamos a olhar para esses grupos não pela ausência, mas pela presença de conhecimentos não valorizados socialmente, mas importantes para suas vidas, como é o caso dos letramentos na e da cultura *hip-hop*.

Minha intenção é evidenciar que o movimento cultural *hip-hop* emerge como uma agência de letramento[2] que apresenta pontos em comum com

[2] Ver os estudos de Kleiman (2006b).

diversas experiências educativas de grupos do movimento social negro que o antecederam. É dessa perspectiva que procuro descrever o processo no qual os ativistas do movimento *hip-hop* desempenham papel histórico ao incorporar, criar, ressignificar e reinventar os usos sociais da linguagem, os valores e intenções do que chamo de letramentos de reexistência.

No que se refere a ler, escrever e interpretar textos ou usar a oralidade letrada, de acordo com os cânones escolares, os jovens nem sempre são considerados como usuários autônomos da língua escrita. No entanto, fora da escola, existem situações outras — ainda que nem sempre reconhecidas ou autorizadas — que se realizam nas mais diversas esferas de atividade: a casa, a rua, o trabalho, a religiosidade. Espaços que ganham diferentes sentidos e apresentam distintas formas de engajar os sujeitos ou grupos sociais. Por isso, os letramentos são múltiplos e, além disso, são críticos, pois englobam usos tão variados quantas são as finalidades dessas práticas.

Os letramentos de reexistência mostram-se singulares, pois, ao capturarem a complexidade social e histórica que envolve as práticas cotidianas de uso da linguagem, contribuem para a desestabilização do que pode ser considerado como discursos já cristalizados em que as práticas validadas sociais de uso da língua são apenas as ensinadas e aprendidas na escola formal.

Os valores atribuídos aos usos e sentidos da leitura e escrita por parte dos jovens envolvidos nessa pesquisa, ao mesmo tempo em que dizem de si, dizem também do movimento *hip-hop* e dos letramentos de resistência e reexistência que vêm sendo experimentados há séculos pela população negra no Brasil.

As práticas analisadas foram se configurando como de reexistência, uma vez que implicam para os jovens assumir e sustentar novos papéis e funções sociais nas comunidades de pertença e naquelas com que estão em contato. Tal perspectiva contribui para pensar alterações necessárias e instaurar mudanças em processos mais amplos, em variadas esferas sociais[3], como a escola — que ainda se mostra excludente.

---

[3] Por esferas compreende-se: "Para que o objeto, pertencente a qualquer esfera da realidade, entre no horizonte social do grupo e desencadeie uma reação semiótico-ideológica, é indispensável que ele esteja ligado às condições socioeconômicas essenciais do referido grupo, que concerne de alguma maneira às bases de sua existência material" (Bakhtin, 1929: 45).

Letramentos de reexistência aqui será a reinvenção de práticas que os ativistas realizam, reportando-se às matrizes e aos rastros de uma história ainda pouco contada, nos quais os usos da linguagem comportam uma história de disputa pela educação escolarizada ou não. Para os *rappers*, a educação e a posse da palavra são marcadas pelo esforço de reconhecimento de si, desafiando, de diferentes maneiras e em diferentes formatos, a sujeição oficialmente imposta, ainda materializada no racismo, nos preconceitos e discriminações.

A singularidade está nas microrresistências cotidianas ressignificadas na linguagem, na fala, nos gestos, nas roupas... não apenas no conteúdo, mas também nas formas de dizer, o que remete tanto à natureza dialógica da linguagem como também às proposições dos estudos culturais que revelam que as identidades sociais, sempre em construção, se dão de forma tensa e contraditória, própria de situações em que estão em disputa lugares socialmente legitimados.

Essa perspectiva de letramentos, que acolhe e legitima os letramentos no movimento *hip-hop* (Kleiman, 1995, 1996b; Rojo, 2009), pelo fato de fazerem sentido e de serem significativos para os sujeitos de conhecimentos e de direitos, também pode ser produtiva para lançar novos olhares sobre os letramentos escolares. A escola, cada vez mais, se torna chão de diferentes culturas com as quais ainda não consegue dialogar — ainda que a necessidade já seja reconhecida —, por conta de um processo de exclusão que ainda marca, em termos de acesso, permanência e sucesso escolar, a história de um Brasil negro e de um Brasil branco que, a despeito de algumas mudanças, ainda não são um só.

LETRAMENTOS EM NEGRO E BRANCO

Por incrível que pareça, ainda é preciso problematizar a visão eurocêntrica prevalecente na história oficial da educação pública no Brasil. Ao destacarem o processo da escravização vivido em nosso país, estudos como os de Barros (2005); Fonseca (2005); Araújo e Silva (2005); Cunha (2005); Cardoso (2005) e Cruz (2005) apresentam contribuições importantes para a análise dos modos desiguais de inserção da população negra e branca no universo escolar.

Em razão dos lugares sociais ocupados ou dados a ocupar na sociedade, os efeitos perversos da escravização se estendem aos modos socioculturais de usar a leitura, a escrita e a oralidade, bem como aos sentidos dessas práticas para brancos e negros, mesmo tanto tempo após a abolição da escravatura.

Diante disso, trago para o centro das narrativas sobre escolarização no Brasil táticas e estratégias (De Certeau, 1994: 99) ainda pouco conhecidas, por meio das quais a população negra busca educar-se, experimentadas em meio a negociações e subversões, a dribles de uma série de mecanismos mais ou menos visíveis de interdições, em confronto com uma estrutura política, econômica e cultural historicamente desfavorável.

Barros (2005) mostra em sua pesquisa sobre educação em São Paulo que, em especial entre o final do século XIX e o início do século XX, existiu no Brasil uma ação branca e uma ação negra, um processo segregacionista de escolarização.

Em meio a esse cenário, a escrita escolar, da mesma forma que algumas práticas letradas, mais próximas da concepção e modelo europeus, ganharam mais visibilidade e legitimidade em detrimento da oralidade e saberes autogerados e vernaculares das populações indígenas e negras de ascendência africana.

A escolarização era vista, por uma parte da população negra, em especial nas cidades, como possibilidade de ascensão social e profissional. No entanto, ainda que valorizado, não raramente o espaço escolar mostrou-se lugar de exclusões e cerceamentos enfrentados pelas famílias: por vezes a permanência sofrida, por vezes o abandono. Ainda que o distanciamento da escola fosse motivado por questões objetivas, como a necessidade de trabalhar, algumas famílias tiravam, ou nem chegavam a matricular seus filhos, diante da impossibilidade de atender às exigências que, conforme documentos escolares da época, incluíam "vestimentas adequadas; presença de um adulto responsável para realizar matrícula; além de necessidades de adquirir material escolar e merenda". Se não fossem atendidos, esses requisitos resultavam em constrangimentos e abandonos.

Em relação à inserção na escola, os recém-libertos conheceram, ao mesmo tempo, tanto os discursos favoráveis à sua educação — como forma de inclusão na sociedade de classes que nascia —, como também os contrários ao acesso. Nas memórias, as humilhações e rejeições aparecem como talvez os mais significativos componentes cerceadores da inserção e da permanência na escola[4].

Conforme relatórios da Instrução Pública de São Paulo, havia receios em aceitar matrículas de crianças negras, dado o medo de que as famílias brancas se recusassem a manter seus filhos nas instituições, receosas da proximidade com sujeitos socialmente abjetos. Na sociedade, bem como na escola, a presença do corpo negro e de seus valores civilizatórios, suas culturas e crenças não aceitos ainda impelia um posicionamento tão temeroso quanto antes da abolição da escravatura. Nesse contexto, os negros eram proibidos de aprender a ler e escrever, pelo fato de haver o perigo de "derramar a instrucção pela classe escrava" (Barros, 2005: 84). O domínio das letras poderia facilitar rebeliões, insurgências e desobediências.

Moysés (1995) contribui de forma significativa para essa discussão quando afirma que os negros deslocados de seus locais de origem conhecem, além da ruptura espacial, a diluição de sua organização política e social, tradicionalmente ancorada na cultura oral.

Submetidos a outra língua, que desvaloriza sua cosmologia, modos de ver o mundo e a sustentação de suas histórias e memórias, perdem também o lugar original, o lugar de produção de sua palavra (Moysés, 1995: 56). Sem o domínio do lugar de produção linguística, a palavra também escravizada é transformada não apenas em silêncio, "mas na ausência da palavra, da palavra enquanto criação ideológica" (p. 56). Nesse contexto em que a língua portuguesa é a oficial, ser branco ou ser negro é fator decisivo para a atribuição de valor a uma memória oral, para poder compartilhar, produzir e veicular um discurso com e sobre determinada história.

A destituição da legitimidade da língua, da palavra oral africana, representa, por um lado, uma ruptura com sua identidade étnica e, por

---

[4] Não apenas o estudo de Barros (2005), mas também outros mostram que, nas primeiras décadas do século XX, já no Brasil República, a população negra não se livrara do estigma da escravidão que a relegava a uma categoria "inferior".

outro, um primeiro confronto com a cultura da língua escrita europeia. Sucedem-se as rupturas, as negociações e os confrontos, cada um com novas proibições e cerceamentos. Os usos da linguagem, tanto oral quanto escrita, ocorrem na clandestinidade, e é nessa dinâmica que ocorrem as apropriações e os usos da linguagem oral e também escrita[5]. Ser leitor branco difere do ser leitor negro, pois, para o negro, o modo de ser leitor inscreve-se em um duplo percurso, que não favorece a sustentação de sua identidade de leitor. Por um lado, tem-se a representação de que, como inferior e selvagem, ele precisa ser civilizado para poder ser leitor; por outro, oriundos da oralidade e da leitura ouvida nos diversos ambientes pelos quais circulavam, cria-se, para a população negra, o que Moysés (1995: 60) classifica como um "pré-saber da escrita" que não conduz a uma identificação com a leitura, com o ser leitor. Para ser leitor, dentro de um processo em que a palavra escrita é europeia e responde às teorias racistas vigentes, é preciso embranquecer. As leituras de negros e mestiços, marcadamente influenciadas pela tradição oral desvalorizada, juntamente com seu corpo de descendência africana, não têm lugar, valor algum se comparadas aos valores da leitura e da escrita ensinados na escola, ou fora dela.

Conforme Moysés (1995), antes da abolição, os índices oficiais informam que, para cada mil escravizados, existia um alfabetizado. Escravizados que aprendiam a ler e que constavam estatisticamente como alfabetizados eram poucos porque as medições eram incapazes de captar as outras formas de apropriação da leitura e escrita que ocorriam, clandestinamente, e tampouco as diversas práticas culturais mediadas por usos e circulação de materiais impressos em diversas situações comunicativas.

No interior desse mundo letrado, os contatos com os escritos geralmente mantiveram vínculos com a condição de escravizado: na escuta de textos mediados pela voz de um branco; acompanhando os movimentos de leitura e de imagens religiosas; e, posteriormente, nos espaços urbanos em que o comércio os levava a contar. Saber que a leitura silenciosa

[5] Destaca-se que, na época, havia também um grande contingente de iletrados brancos pobres. Em meio ao cenário destaca-se também a existência de aprendizagens de escrita de forma assistemática, ocorridas fora do âmbito escolar e muitas vezes difusas. Porém os brancos não conheciam a interdição oficial imposta aos sujeitos negros

e individual e a escrita não eram para ele levava à compreensão de que a língua europeia criava um não lugar na sociedade, isolando-o de todas as maneiras, especialmente pela interdição à escolarização.

Os índices de alfabetização da época, ancorados na relação entre escolarização e alfabetização socialmente legitimadas no espaço escolar, pouco ou nada revelam sobre as práticas culturais, recriações e usos de uma língua oral ou escrita por parte de negros, escravizados ou libertos. Atentar para as formas culturais exige compreender os diferentes caminhos para entrever os processos de letramentos empreendidos por diferentes grupos sociais e culturais.

Para Hall (2003) e também para Gilroy (2001), os povos africanos adentram diferentes cenários levando em seus corpos um construto milenar — os saberes, a palavra, a arte, a musicalidade, a estética, os valores —, fontes de ritos e de práticas políticas, culturais e sociais que os sustentaram em suas mais diversas formas de reinventar a vida em meio à escravização.

As múltiplas configurações que a cultura africana negra toma quando fora do continente africano são importantes, pois asseveram que as pessoas, ao serem deslocadas das Áfricas e ao entrarem em contato com o outro sujeito social — as culturas asiáticas e europeias —, são impelidas a lidar com estranhas e aviltantes realidades, e, diante disso, obrigadas a criar um conjunto de artifícios com vistas a sustentar a vida na dinâmica cotidiana. Ao longo do tempo, as produções culturais negras, "culturas de resistências", antes de serem entendidas em sua "pureza", como manutenção ou retorno às tradições ou legados da "África"[6], são produções híbridas, nascidas nos intercruzamentos de culturas, como combinações de transgressões, submissões, negociações, interdições, trocas, rupturas e subversões.

O mesmo vale para o Brasil, onde o segmento negro, silenciado, mas não passivo, permanece trabalhando nos espaços às margens, posição tática para que os *"golpes astutos"* (De Certeau, 1994) possam ser dados em momentos propícios, pois nem se é fraco nem se é forte o tempo todo.

---

[6] Hall (2003) enfatiza que o termo África é uma construção moderna, construída e incapaz de revelar a variedade de povos, tribos, culturas e línguas cujo principal ponto de origem comum situou-se no tráfico de escravizados (p. 31). Na realidade foi criada para designar "os que vieram da África" sem considerar as características étnicas.

Para os negros, a produção cultural pode ser tomada como esteio para as maneiras de "buscar a liberdade", em um contexto social que decidiu desumanizá-los, torná-los *coisas:* "A arte se tornou a espinha dorsal das culturas políticas dos escravizados e da sua história cultural" (Gilroy 2001: 129). No universo da arte, a música teve centralidade, materializada em estilos tais como o *blues,* o *jazz* e o *soul* que, mais tarde, influenciariam o *rap*, e de forma mais geral a cultura *hip-hop*[7].

Visto que, em dada cultura, não há apenas um letramento, mas letramentos múltiplos associados aos vários domínios da vida, bem como diversidade nos modos como os sujeitos tomam parte em eventos e situações nesses domínios, é relevante examinar, ainda que brevemente, os caminhos pelos quais esses sujeitos, situados em contextos específicos, membros de determinadas comunidades, se moveram no universo da escolarização.

Estudos como o de Fonseca (2005), Araújo e Silva (2005), Cunha (2005), Cardoso (2005) e Cruz (2005), que enfatizam a existência de um amplo conjunto de ações e de instituições do movimento negro em favor da escolarização da população negra, com mais intensidade nos séculos XX e XXI, destacam, entre outros exemplos históricos, as atuações da Frente Negra Brasileira — FNB, na década de 1930, e do Teatro Experimental do Negro — TEN, na década de 1940, instituições que, juntamente com outras atividades culturais e políticas, mantinham salas de alfabetização de pessoas negras adultas não escolarizadas em seus locais de atuação.

As ações educativas nos mais variados espaços (casas, igrejas, centros acadêmicos) firmaram-se como espaços de formação e sustentação de projetos para fins culturais e políticos e deram impulso a instituições e ações atuais como o Congresso de Pesquisadores Negros — COPENE, que reúne pesquisadores e pesquisadoras estudiosos da temática das relações raciais; a Associação Brasileira de Pesquisadores e Pesquisadoras

[7] Tanto o *blues* como o *jazz* e o *soul* são ritmos que nascem nos ambientes de trabalho, antes da abolição da escravatura, e acompanham os negros e negras nas igrejas protestantes. Posteriormente, passam por transformações e ganham o mercado fonográfico.

Negros/as — ABPN, que reúne estudiosos do tema de todo o Brasil, e os Núcleos de Estudos Afro-brasileiros — NEABs. Esses espaços são lócus de práticas de letramentos que devem ser compreendidos como o espaço em uso, no qual a ação social é produzida, em meio a relações de poder, intenções e conflitos dos diversos sujeitos que o integram.

Nutrindo-se dessas práticas, os grupos de *hip-hop* que se dedicam à educação sustentam princípios organizativos e também constituem grupos de autoformação, visando à busca e à posse de conhecimento para seus integrantes. O *hip-hop* mostra-se como um *reinventor de tradições*, por recriar, de maneira singular, as práticas culturais e educacionais que marcam o movimento social negro nas diferentes épocas, desde a chegada dos negros africanos ao Brasil. Eles abordam os letramentos como práticas sociais que, para além das habilidades individuais de uso da linguagem, se realizam em determinados contextos: social, político e cultural. Os jovens envolvidos nessa pesquisa, ao mesmo tempo em que dizem de si e da cultura *hip-hop*, dizem também da cultura e da identidade negras.

DADOS DE HOJE: A POPULAÇÃO NEGRA NO UNIVERSO LETRADO

Em meio a um cenário de aceleradas transformações sociais e econômicas, o bordão "Educação para todos"[8] passou a ser uma palavra de ordem

[8] A Conferência Mundial sobre Educação para Todos aconteceu em Jomtien, Tailândia, de 5 a 9 de março de 1990. Na ocasião, os países participantes se comprometeram a ampliar as condições de acesso à educação como um direito, assinando o documento oficial, a Declaração Mundial sobre Educação para Todos. No primeiro artigo, sobre os objetivos, lê-se que: "Cada pessoa — criança, jovem ou adulto — deve estar em condições de aproveitar as oportunidades educativas voltadas para satisfazer suas necessidades básicas de aprendizagem. Essas necessidades compreendem tanto os instrumentos essenciais para a aprendizagem (como a leitura e a escrita, a expressão oral, o cálculo, a solução de problemas), quanto os conteúdos básicos da aprendizagem (como conhecimentos, habilidades, valores e atitudes), necessários para que os seres humanos possam sobreviver, desenvolver plenamente suas potencialidades, viver e trabalhar com dignidade, participar plenamente do desenvolvimento, melhorar a qualidade de vida, tomar decisões fundamentadas e continuar aprendendo. A amplitude das necessidades básicas de aprendizagem e a maneira de satisfazê-las variam segundo cada país e cada cultura, e, inevitavelmente, mudam com o decorrer do tempo". Fonte: (http://www.brasilia.unesco.org, acesso em maio de 2009).

presente nos discursos de educadores e políticos, especialmente a partir de 1990, quando o país assumiu um conjunto de compromissos relacionados à garantia do direito à educação de todas as crianças, jovens e adultos. Em consonância com o marco legal, a educação escolar, apontada como condição para a equidade, tem ganhado espaço nas agendas governamentais, passando a receber investimentos para que as propostas, formuladas em diálogo com as secretarias estaduais e municipais e diversos segmentos da sociedade civil, ampliem sua expressividade e seu caráter local.

O esforço para a implementação de mudanças na educação pode ser detectado, por exemplo, nos investimentos na formação inicial e continuada de profissionais da educação e no incremento de canais de participação da sociedade civil na gestão escolar, com vistas a incentivar a elaboração de projetos político-pedagógicos que alterem o cotidiano das escolas.

Mesmo assim, apesar dos avanços do sistema brasileiro de ensino, ainda há muito que fazer para a efetivação de uma educação que se mostre capaz de concretamente acolher todas as diferenças, com igualdade de direitos, de modo a se enfrentarem formas e mecanismos de exclusão que ainda impedem que a escola seja espaço de equidade.

A escola de hoje recebe diversas subjetividades inscritas nas histórias de vida de seus atores. No entanto, alguns valores e princípios nem sempre são pertinentes à valorização das diferenças. A situação desigual é realidade vivida por diferentes sujeitos, a depender dos aspectos identitários — classe, gênero, etnia, regionalidade, sexualidade, raça — que socialmente hierarquizam e inferiorizam determinados grupos. Porém, a falta de equidade mostra-se mais aguda para as pessoas de ascendência africana em cujos corpos os traços fenotípicos ainda são motivo de preconceito e de discriminação, nem sempre explicitados verbalmente, mas relatados em diversas pesquisas educacionais. Os dados do Censo Escolar de 2007, analisados pelo Instituto de Pesquisa Econômica Aplicada — IPEA[9] em 2008 revelam a falta de equidade quando mostram que en-

---

[9] Desigualdades raciais, racismo e políticas públicas: 120 anos após a abolição. Brasília: Instituto de Pesquisa Econômica Aplicada, 2008. Disponível em: www.ipea.gov.br/sites/000/2/pdf/08_05_13_120_anos_Abolicão_V_coletiva.pdf .(Theodoro org.)

tre os jovens brancos de 15 a 17 anos, 70% haviam concluído o ensino fundamental, enquanto entre os negros, apenas 30%. No ensino médio, 62% de jovens brancos, de 15 a 17 anos, estavam na escola, enquanto o percentual de negros na mesma faixa etária era de 31%. Considerando-se o grupo de estudantes na faixa etária dos 19 anos, 55% de brancos concluem o ensino médio enquanto apenas 33% de negros conseguem o mesmo. Além disso, da população branca acima de 25 anos, 12,6% detêm diploma de curso de nível superior, enquanto dentre os negros a taxa é de 3,9%.

Os números também não são animadores, como mostra Paixão (2008), ao analisar o perfil educacional da população negra no sistema de ensino, no período de 1995 a 2006, com indicadores desfavoráveis referentes tanto à proficiência nas provas de português e matemática no Sistema Nacional de Avaliação da Educação Básica — Saeb —, quanto à elevada taxa de defasagem idade-série. Pesquisas que recobrem desde as séries iniciais e estendem-se até o ensino superior revelam trajetórias irregulares, abandono e evasão escolar, em contraposição ao maior número de negros na educação de jovens e adultos, tudo isso evidenciando que, quanto mais se avança nos anos de escolaridade, menos negros permanecem na escola.

Na tabela a seguir, verifica-se a distribuição percentual de analfabetismo, por cor ou raça, segundo o Instituto Brasileiro de Geografia e Estatísticas — IBGE, para o ano de 2007:

Tabela 1 — Taxa de analfabetismo das pessoas de 15 anos ou mais de idade (%) (2007)

Grandes regiões, unidades da federação e regiões metropolitanas	Total	Cor ou raça		
		Branca	Preta	Parda
Brasil	10,0	6,1	14,3	14,1
Norte	10,8	7,5	14,7	11,7
Nordeste	19,9	15,3	23,1	21,7
Sudeste	5,7	4,1	9,4	7,9
Sul	5,4	4,4	9,9	9,4
Centro-Oeste	8,1	5,4	14,5	9,3

Fonte: IBGE, Pesquisa Nacional por Amostra de Domicílios 2007.

Os índices relativos à instrução por raça/cor revelam, conforme documento referente ao município de São Paulo[10], que

> entre a população com 10 anos ou mais, entre as pessoas sem instrução ou com menos de 1 ano de estudos, a porcentagem de negros é quase duas vezes maior que a de brancos. Com relação aos mais altos níveis de escolaridade, a situação se inverte — na população com 10 ou 11 anos de estudo, os negros correspondem a um percentual 25% inferior ao dos brancos, e quase 80% inferior na população com mais de 12 anos de estudo (p. 16).

A mesma situação de disparidade persiste em nível nacional. Esses números são incontestáveis: ainda persistem as desigualdades em relação aos anos de escolaridade entre pessoas negras e brancas no âmbito escolar. Para nossa investigação importam, no momento, dois aspectos que têm servido para alimentar o debate acerca das causas das desigualdades raciais na escola: a desigualdade econômica geradora da pobreza[11] e a desigualdade racial, originada no processo de constituição da nação brasileira. Em 2004, os 10% mais pobres, no Brasil, detinham a parcela de 0,9 do rendimento nacional; os 20% mais pobres, 2,8; os 20% mais ricos, 61,1; e os 10% mais ricos, 44,8[12].

Além da desigualdade profunda entre pobres e ricos, os acessos passam, sempre, pelo filtro racial. As tabelas a seguir informam a distribuição de rendimentos entre a população branca e a população preta ou parda (conforme classificação adotada pelo Instituto Brasileiro de Geografia e

---

[10] Dados analisados pela Fundação de Sistema de Análise de Dados — SEADE — disponibilizados pelo Instituto Brasileiro de Geografia e Estatística — IBGE — em 2003.

[11] Pochmann está entre os estudiosos para os quais a definição de pobreza possui uma dimensão subjetiva, pois os critérios para definir o que uma sociedade considera necessário para viver com dignidade variam em determinados momentos e, mesmo que se possam atribuir valores e mensurar o que determina a linha de pobreza por corte de renda, novas necessidades são criadas. Além disso, escreve ele, "em uma sociedade cada vez mais complexa, novas formas de exclusão não relacionadas à baixa renda se impõem, obrigando a repensar o critério de exclusão social para captar de forma mais abrangente as várias formas de inserção precária ou falta de acesso a um conjunto de bens sociais, abarcando as desigualdades que se apresentam sob diferentes roupagens" (Pochmann, 2004: 66-67).

[12] Informação do Relatório de Desenvolvimento Humano 2007/2008. Os dados referem-se a parcelas de rendimento por percentis de população, ordenadas por rendimento *per capita*.

Estatística — IBGE). Destaca-se que a população branca corresponde a 49,4% e a população preta e parda, a 49,7% do total da população brasileira que, em 2007, foi estimada em 189.820.000[13].

Tabela 2 — Distribuição do rendimento mensal familiar *per capita* das pessoas de 10 anos ou mais de idade, com rendimento de trabalho, entre os 10% mais pobres, em relação ao total de pessoas, por cor ou raça (%) (2007)

Branca	Preta ou parda
25,4	74,0

Fonte: IBGE, Pesquisa Nacional por Amostra de Domicílios 2007.

Tabela 3 — Distribuição do rendimento mensal familiar *per capita* das pessoas de 10 anos ou mais de idade, com rendimento de trabalho, entre o 1% mais rico, em relação ao total de pessoas, por cor ou raça (%) (2007)

Branca	Preta ou parda
86,2	12,1

Fonte: IBGE, Pesquisa Nacional por Amostra de Domicílios 2007.

As diferenciações também se dão entre homens e mulheres. Em 2007, a média de anos de estudo entre as mulheres com mais de 15 anos era de 7,4; enquanto a média entre os homens era de 7,1. Embora mais escolarizadas do que os homens, as mulheres recebem salários mais baixos, conforme se verifica na tabela a seguir.

Tabela 4: Rendimentos das pessoas de referência dos arranjos familiares, por sexo (2007)

Homens		Mulheres	
Proporção por classes de rendimento mensal familiar *per capita* (salário mínimo) (%)		Proporção por classes de rendimento mensal familiar *per capita* (salário mínimo) (%)	
Até 1/2	2 ou mais	Até 1/2	2 ou mais
25,8	21,1	29,2	19,1

Fonte: IBGE, Pesquisa Nacional por Amostra de Domicílios 2007.

Trata-se de um contexto socioeconômico bastante complexo, que indica o predomínio das desigualdades para uma população imensa, distribuída num vasto território. Em consonância com a posição defendida por setores dos movimentos sociais negros, a desigualdade racial, como parte

[13] Instituto Brasileiro de Geografia e Estatística — IBGE, Pesquisa Nacional por Amostra de Domicílios 2007.

de uma construção sócio-histórica, não pode ser analisada isoladamente das desigualdades econômicas e sociais. Dessa perspectiva, o argumento da pobreza mostra-se insuficiente se considerado como o principal responsável pela exclusão proporcionalmente maior de negros da esfera escolar. Contudo, pode ser tomado como parte da explicação se considerarmos que, para usar uma expressão de Paixão (2008), "a pobreza no Brasil tem cor: negra" (p. 18), como também vem sendo estampado nos dados do Instituto Brasileiro de Geografia e Estatística — IBGE. Dados referentes às desigualdades raciais têm servido, nos estudos de Paixão (2008), para ampliar as possibilidades de entendimento da categoria pobreza para além do acesso a bens materiais, de modo a entendê-la também "pelo ângulo da posse de ativos imateriais, tais como os direitos educacionais, de proteção à vida,[14] bem como da validade de reivindicações coletivas no plano político" (p. 18). Ainda que existam pobres de diferentes cores, etnias ou raças ou ainda negros e negras com maior renda, os motivos da existência da pobreza não são os mesmos para os diferentes grupos. Para o segmento negro, assevera ele, a principal causa da pobreza é a persistência do racismo, do preconceito e da discriminação racial, que não contribuem para que pessoas negras de maior poder aquisitivo ou nível mais elevado de escolarização tenham acesso a esferas de prestígio, como a universidade. Na mesma linha de raciocínio está a afirmação de Santos (2003), para quem o racismo e as discriminações sustentam o círculo vicioso de exclusão contra o qual a população negra busca formas de contrapor-se ao longo de séculos, também na esfera escolar.

Dados do estudo de Abramovay (2005: 564) apontam que os abandonos — ou do aluno que abandona a escola ou da escola que abandona o aluno —, ou ainda as reprovações ou o insucesso escolar mantêm vínculos explicativos com o racismo peculiar vivido no Brasil, cujos mecanismos di-

[14] *As vítimas da violência têm idade, classe social e cor* é título de matéria publicada na revista *Mundo Jovem*, que divulga dados do *Mapa da violência dos municípios brasileiros de 2008* que mostram que, entre 1996 e 2006, os índices de homicídios da população jovem tiveram um aumento de 31,3%, enquanto na população total a porcentagem ficou em 20%. Ao mergulhar nos dados referentes à mortalidade juvenil, o artigo afirma: *"A pobreza tem cor, e no Brasil ela é negra. Os negros apresentam um índice de vitimização 73,1% superior aos brancos na população total e 85,3% superior na juventude"* (p. 11, <www.mundojovem.com.br>, acesso em maio de 2009).

versificados não segregam e não proíbem, mas geram assimetrias e desvantagens que recaem majoritariamente sobre o segmento negro da população.

Dentre as razões da não permanência na escola figuram com expressividade as diferenças de tratamento e distribuição de afeto em relação a crianças negras e brancas; a raridade de materiais didáticos que abordem positivamente a história e as culturas africanas e afro-brasileiras; a pouca importância atribuída aos conflitos que envolvem apelidos e piadas e, até mesmo, o silenciamento e o medo diante do "nome" negro ou preto, que se configura num drama no cotidiano da escola.

O fato é que a desigualdade racial persiste na sociedade brasileira e os números evidenciam que um dos efeitos da situação de desvantagem também se manifesta na esfera escolar que, a despeito de algumas transformações, mantém pouco alterada a média de anos de estudos entre brancos e negros[15]. Conforme Henriques (2001), a média de estudo dos adultos brancos é de 6,6 anos, enquanto os negros adultos têm em média 4,4 anos. No início do século XXI, a diferença, de mais de dois anos, é praticamente a mesma do início do século anterior, de forma que se pode considerar que ainda existem um Brasil branco e um Brasil negro (Henriques, 2001: 20), embora o sistema educacional tenha avançado do ponto de vista da democratização do acesso para todos.

É justamente contra a divisão do Brasil em dois que se coloca o conjunto das ações afirmativas que ora começa a ganhar corpo na sociedade brasileira, reivindicando equidade também na área de educação.

CULTURAS, IDENTIDADES E ENTRECRUZAMENTOS NA LINGUAGEM

Para tratar dos letramentos no *hip-hop*, interessa pensar as confluências das noções de cultura e de identidade (Hall, 2003) como dois conceitos que se movem no campo das negociações, elaborações e reelabo-

[15] O investimento no discurso sobre a riqueza da diversidade cultural ainda não se traduz em acesso à distribuição dos bens materiais e imateriais. A contestação será um dos temas sempre presentes nas *rodas de conversa* analisadas nos capítulos 4 e 5. Com as análises, será possível acompanhar as batalhas, as lutas pela fixação de sentido, o que poderá ser percebido pela expressividade e a valoração que palavras como "diversidade", "racismo", "negritude", "branquitude" ganham nas interações verbais.

rações em função dos engajamentos e dos lugares por onde circulam os sujeitos sócio-históricos.

Para Hall (2003), o terreno da cultura, entendida como espaço de batalha por significações, torna-se ainda mais tenso e disputado quando as rápidas transformações por que passam as sociedades enfraquecem as narrativas locais, o que provoca o deslocamento de antigas hierarquias. Nesses contextos, são engendradas práticas sociais diversificadas que obrigam a conceber o surgimento de novas formas de perceber e validar as práticas populares e as práticas cotidianas.

É nesse cenário de disputa por ideias e sentidos, em meio a projetos homogeneizantes de cultura, que "a marginalidade" abre *brechas* em busca de formas de ganhar mais espaço na sociedade. Com as transformações resultantes do histórico de lutas e reivindicações em torno do direito à existência de "diferentes diferenças", surgem novos sujeitos e são produzidas novas identidades em um fluxo marcado pelas "guerras de posição" no cenário cultural; enfrentamentos entre setores dominantes e dominados que, sem sair do intricado jogo de relações de poder, redefinem a cultura e alteram o equilíbrio da hegemonia cultural (Hall, 2003: 338-339).

A análise dos novos contornos que a cultura adquire requer compreendê-la como uma luta, como um campo de ações, atos e situações que, no processo histórico, assume diversas formas. É na dinâmica social que os elementos de distintas tradições se encontram e "podem ser reorganizados para se articular a diferentes práticas e posições e adquirir um novo significado e relevância" (Hall, 2003: 260). Os novos significados são parte de um processo de mudança pelo qual passam as diferentes culturas. Nesse sentido, a cultura negra não tem sido mais compreendida como algo estático e uno, imutável, dotada de essencialidade, mas sim como um sistema de significações em permanente mudança.

O terreno da cultura e da tradição é compreendido como pleno de cruzamentos de ideias e interesses distintos, e os conflitos e as tensões oriundos do embate de forças podem ser entendidos como matéria-prima para as apropriações e negociações nas quais os setores dos grupos socialmente minorizados se engajam. São apropriações e negociações que interferem e sustentam a construção das identidades sociais. Desse modo, se a cultura popular negra, bem como outras socialmente à margem, ganha contornos de caráter local, de contradições, de contestação e de negociação, ela não pode ser analisada ou enfeixada por argumentos sustentados em simples oposições binárias: negro/branco, alto/baixo, autêntico/inautêntico, pura/impura. Há que se considerar os caminhos percorridos pelas culturas, formando rotas, recriações que, às vezes, retornam às próprias comunidades de origem para serem, outra vez, recriadas.

A noção de culturas, longe de comportar o anacronismo e a "pureza", torna-se o espaço no qual se operam transformações em decorrência dos embates de dominação e de resistências constitutivos das relações políticas e sociais no tempo. Dessa maneira, as culturas não se encerram como um estrato imutável, absolutamente encapsulado pelas formas da cultura dominante. O campo da cultura se configura

> nas linhas complexas da resistência e da aceitação, da recusa e da capitulação, que transformam o campo da cultura em uma espécie de campo de batalha permanente, onde não se obtém vitória definitiva, mas onde há sempre posições estratégicas a serem conquistadas ou perdidas (Hall, 2003: 255).

Os descentramentos de cultura podem abrir caminhos para novos espaços de contestação, para novas formas de agir nas brechas do cenário social e econômico. Entendida como sempre em transformação, na cultura não há passividade, há sempre negociações e enfrentamentos. Há interpretações e reinterpretações, mais ou menos visíveis ou invisibilizadas por mecanismos diversos que informam um processo de hibridização, questão importante quando são focalizados os discursos situados de ativistas do movimento cultural *hip-hop*.

Tomo emprestado o conceito de hibridização de Canclini (2005), que o entende como "processos socioculturais nos quais estruturas ou práticas discretas, que existem de forma separada, se combinam para gerar novas estruturas, objetos e práticas" (Canclini, 2005: XIX). Esse conceito, empregado com vários significados, adquire relevância nas ciências sociais e outros campos de conhecimento que buscam apreender as complexas relações que se estabelecem em meio a configurações sociopolíticas e culturais.

Levando em conta a hibridização como um processo incessante e múltiplo de fusão e recombinação de práticas sociais estruturadas, faz-se fundamental situar tais práticas em contextos sócio-históricos. Elas são sempre informadas por relações assimétricas de poder nas quais as referências se tocam, se chocam, se mesclam. É dessa perspectiva que as identidades não podem mais ser vistas como um conjunto de traços fixos ou dotadas de essência, seja de raça ou etnia, mas como produções complexas e sempre em transformação.

O conceito de hibridização permite colocar em xeque os discursos essencialistas da identidade, do autêntico e da pureza cultural, mostrando as possibilidades de negociações, conflitos, alianças — mais ou menos duradouras —, presentes nos arranjos tensos que se dão nos entrecruzamentos geradores de múltiplos processos culturais.

Ao adentrar as estruturas sociais e tomar parte nas relações de poder imiscuídas nas práticas sociais nas quais nos engajamos, não há permissão para nos apartarmos do plural e sermos um apenas, só um (Hall, 2003). Nesse sentido, olhar as identidades que os *rappers* mobilizam durante as interações traz a necessidade de entendê-las sempre em processo, dentro de discursos, como um "modo de construir sentidos que influencia e organiza tanto nossas ações quanto a concepção que temos de nós mesmos" (Hall, 2003: 50). O que é ser jovem, ser negro, ser *rapper*, ser de periferia, ser letrado são identidades configuradas, moldadas em função da presença do outro.

> O rótulo *black* é, assim, um exemplo não apenas do caráter político das novas identidades, isto é, de seu caráter posicional e conjuntural (sua formação em e para tempos e lugares específicos), mas também o modo como a identidade e a diferença estão inextricavelmente articuladas ou entrelaçadas em identidades diferentes, uma nunca anulando completamente a outra (Hall, 2000: 68).

Assim como a cultura e as tradições, a identidade é cada vez mais reconhecida em suas múltiplas dimensões e em seus distintos contornos negociados e possíveis: quem é homem, mulher, jovem, do centro, da periferia, branco, negro. Nesse sentido, ainda que se possa considerar no sujeito um núcleo identitário, este se forma e é transformado discursivamente, na interação social. Dessa forma, "as ideias e os conceitos não ocorrem, nem na linguagem nem no pensamento, daquela forma única e isolada, com seus conteúdos e referências irrevogavelmente fixas" (Hall, 2003: 286), mas sim nos diálogos, em trocas que informam não a identidade, e sim as identidades dos sujeitos.

Uma das dimensões importantes do processo de constituição identitária está em entender o discurso como forma de ação social, por meio da qual as pessoas, em interação, agem umas em relação às outras, conforme pode ser visto nas formulações de Bakhtin e seu Círculo.

PRESSUPOSTOS BAKHTINIANOS DA LINGUAGEM

Tomando como base a concepção dialógica da linguagem, que, em última instância, postula que não há linguagem sem sujeitos, sujeitos plurais, que impregnam a linguagem com suas ideologias e práticas sociais, a linguagem pode ser compreendida apenas nas instâncias sociais de uso, o que implica necessariamente considerar o conteúdo ideológico nas enunciações. Sob tal perspectiva, até o pensamento mental individual, que resulta da ideologia do cotidiano, entendido como "a totalidade da atividade mental centrada sobre a vida cotidiana" (Bakhtin/Volóshinov, 1995 [1929]: 118), influencia e é influenciado pelos "sistemas ideológicos constituídos" que cercam o sujeito em sociedade. A palavra, que se dá na medida do encontro com o outro e com a situação concreta, intervém nos enunciados.

De natureza social e ideológica, as palavras revelam-se e ganham significações nas interações concretas, quando socialmente compartilhadas, em diálogo entre dois ou mais indivíduos inseridos no fluxo da comunicação diária. A palavra é sempre dirigida a outro sujeito; é sempre resposta a alguém em função da suposição do horizonte social informado por aspectos partilhados tanto pelo falante como pelo ouvinte. É na interação que a linguagem se coloca em movimento e provoca ações de respostas em relação à palavra. Se o sentido da palavra é projetado na relação entre os interlocutores e determinado pelos contextos, que podem ser múltiplos e variados, é no embate dialógico entre o processo de escutar e de compreender que se dá a compreensão da fala viva ou vivenciada.

O conceito de compreensão ativa e responsiva é particularmente importante para se perceber o jogo complexo que se estabelece no universo da cultura *hip-hop* que, por excelência, é lugar em que os enunciados mantêm relação com outras vozes que, no movimento de ir e vir, trabalham na construção dos sentidos. A forma como a linguagem se manifesta na cultura *hip-hop* vem problematizar a acomodação dos olhares em relação às contradições sociais, além de mostrar outras formas de pensar o lugar de saberes, de conhecimentos e de valores como solidariedade e coletividade. É flagrante como o *rap* se apresenta, dentro da cultura *hip-hop*, como um dos elementos mais expressivos para a percepção da movimentação da palavra responsiva de Bakhtin.

É no âmbito das possibilidades de manifestação do dialogismo que a polifonia pode ser entendida como a relação conflituosa que a minha palavra mantém com a palavra do outro.

A expressão da palavra, irrepetível, e sempre inédita, não está *na* própria palavra, não nasce com ela, mas constitui-se, torna-se viva no contato, no atrito com a realidade concreta realizada pelo enunciado, que é individual, mas não descolado das ideologias que circundam falante e ouvinte. O cruzamento, tenso e conflitivo, dessas vozes é a base que sustenta a permanente disputa por sentidos presentes nas letras de *rap*:

> O *rap* é intensamente, exuberantemente dialógico. (...) emerge de um processo dialógico: da conversa entre os membros de um grupo que interage em grande proximidade física: olham-se nos olhos, permutam versos, homenagens ou insultos, e, de modo geral, "se alimentam da intensidade um do outro" (Stam, 1992: 75-76).

Outra aproximação que se pode estabelecer entre aspectos da teoria bakhtiniana e o universo *hip-hop* recai sobre a noção de interação verbal. Considerando-se que, em sociedade, as palavras circulam e, de boca em boca, se fazem de todos e de ninguém, elas ganham vida em cada enunciado, único, que assume diferentes formas, a depender dos aspectos que conformam a situação e o contexto que envolve os interlocutores. Nessa perspectiva de linguagem, a palavra é sempre dependente da avaliação social, da lente pela qual os interlocutores se avaliam.

A concepção dos usos da linguagem do círculo de Bakhtin, emergindo de necessidades de enunciação concretas, fornece argumento para compreender o jogo enunciativo dos ativistas do *hip-hop*, em diversas situações nas quais demonstram que "sem acento apreciativo, não há palavra" (Bakhtin/Volóshinov, 1995 [1929]: 132). Nesse caso, importa saber tanto sobre o contexto verbal como sobre o não verbal, ou seja, quem são os interlocutores, que lugar e posição social ocupam no quadro da dinâmica política e econômica, uma vez que os movimentos de alguém que fala são concebidos em função do ouvinte — os gestos, as mãos e os olhos são também postos em função do auditório. Também deve ser levado em consideração que as enunciações são construídas em relação a determinados papéis e lugares que os envolvidos desempenham em dada situação enunciativa, papéis também mais ou menos valorados em função do espaço sócio-histórico, no qual estão inseridos os sujeitos e suas práticas sociais.

Todo uso da palavra envolve ação humana em relação a alguém, em um contexto interacional específico no qual ocorre a busca pela apropriação, a batalha pelas palavras e seus sentidos, a disputa por identidades sociais. E onde também se configuram as relações dialógicas de reexistências inscritas em um processo que envolve negociação, reinvenção e subversão de relações assimétricas de poder. Por mais simples que seja um enunciado, ele sempre se dirige a alguém e carrega um posicionamento, uma ação frente à realidade em que se vive.

Estar no *hip-hop* traz a possibilidade de aproximação com práticas discursivas que permitem conseguir pistas, informações para saber da própria vida, da vida de seu grupo de pertença. Nas palavras de Nathas, *por que que nós temos essa (.) essa condição né (.) que não é outra (.) acho que contribui pra isso daí (.) pra despertar (.) ele desperta (.) essa (.) curiosidade (.) esse debate (.) entendeu? (.) ele desperta isso daí.*

Para Nathas e para os demais participantes da pesquisa, as formas de uso das palavras são importantes, pois estão comprometidas com a ressignificação de problemáticas contemporâneas, entre elas a questão racial e social. No debate — réplicas — as palavras ganham sentido para além das quatro expressões assinaladas, o grafite, a dança, o som e a poesia que caracterizam a cultura *hip-hop*.

3

HIP-HOP: UMA PRODUÇÃO CULTURAL DA DIÁSPORA NEGRA

(o *hip-hop*) incorporou dos Movimentos /.../ dos Movimentos lá (.) incorporou né/ formou o Movimento *hip-hop* com esses elementos/ é daí por diante que eles começaram a atrair jovens tal e tudo o mais, né,/ que é feito o *hip-hop* (.) porque não adianta chegar pro cara e perguntar se começou do *hip-hop/* é o que ele tá fazendo no *hip-hop*, né, mano/ (.) tá fazendo bem pro Movimento/ de onde ele (o *hip-hop*) veio a gente sabe que não começou, né,/ tem as historinhas (.) mentirosas que a gente vê por aí, né,/ que nem aquela conversinha do *hip-hop* do *hip-hop* não do *rap* (.) que o *rap* começou como forma de protesto/ (.) a gente sabe que isso +não é verdade/ como começou.

(Soneca)

Este capítulo explicita os percursos do movimento *hip-hop*, fundamentais para a compreensão das maneiras pelas quais as interações realizadas em um fluxo contínuo de contatos marcam a cultura de duas formas: ao mesmo tempo como uma produção diaspórica, informada por traços de cultura e histórias de matrizes africanas ressignificadas localmente, e também como um movimento cosmopolita em diálogo com a moderna tecnologia urbana e letrada. Aproximar-se das situações de produção histórica e das características do campo da cultura tida como espaço de fazer política é fundamental para compreender, nos capítulos seguintes, não apenas os conteúdos, mas as formas dos enunciados que serão analisados, conforme método sociológico de análise proposto por Volóshinov/Bakhtin ([1929] 1995).

Trato brevemente de aspectos referentes às origens do *hip-hop* na Jamaica e nos Estados Unidos para, posteriormente, focar seu surgimento, desenvolvimento e transformações em São Paulo.

Ainda que não seja possível descrever precisamente o *hip-hop* por meio de uma única versão, uma das correntes mais expressivas afirma que o fenômeno consolida-se como cultura e obtém reconhecimento social e político a partir de seu surgimento nos bairros de Nova York nos anos 1980, quando ganha contornos sociais e artísticos. Autores como Gilroy (2001), Hall (2003) e Canclini (2005) concordam com a ideia de que não existe apenas uma história do *hip-hop*. Como movimento cultural, ele se transforma nos vários contextos em que aporta, hibridiza-se e assume distintos formatos, ressignificando de maneiras diferentes os efeitos do fenômeno da diáspora negra pelo mundo, fazendo da musicalidade um dos elementos de sustentação de sua organização social, cultural e política.

Para os negros, a cultura musical se mostrou "ao mesmo tempo, produção e expressão dessa transvalorização de todos os valores precipitada pela história do terror racial no Novo Mundo" (Gilroy, 2001: 94), fornecendo bases para a constituição de suas subjetividades e de uma cultura e identidade negras, não apenas nos Estados Unidos, mas também em outros lugares do mundo. Não sem razão o *hip-hop* é mais conhecido por histórias nas quais o enfrentamento às interdições e restrições sociais se dá pela articulação de formas de resistir por meio da linguagem, dos usos do corpo e da arte.

HIP-HOP: ROTAS DE DESCONTINUIDADES EM NOVAS CONEXÕES

As ideias de Lindolfo Filho (2004) nos ajudam a pensar aspectos do surgimento da cultura *hip-hop* na Jamaica, que passa por um "período de enfrentamento de elevados índices de desemprego e forte crise do governo". Os problemas sociais e raciais "foram os desencadeadores das várias correntes e tendências do *rap*, em que a crítica social e a oralidade da cultura africana são a tônica" (Lindolfo Filho, 2004: 138). Entre 1920 e 1930, a capital jamaicana passou a receber um grande contingente de jovens negros e pobres que migraram do campo para a cidade e, diante da conjuntura desfavorável, esses rapazes, os *rude boys*, sem colocação profissional e com baixa escolaridade, fizeram do cotidiano vivido nas ruas tanto um espaço de sociabilidade como de possibilidade de ascensão por meio da música:

> Criação de canções que discorriam sobre o próprio cotidiano era uma das únicas opções para esses rapazes, que tinham geralmente uma vida de muito risco e, geralmente, bastante curta, no trânsito entre a miséria e a violência. Para um *rude*, a única maneira de se ver livre dos bairros de West Kingston era um *single* [disco com apenas uma ou duas músicas do artista] de sucesso ou um tiro da polícia (Lindolfo Filho, 2004: 132).

O ambiente urbano permitiu aos *rude boys* a criação de um estilo de vida no qual o uso da linguagem visava falar das experiências cotidianas e marcar posições de contestação contra o que a sociedade pretendia estabelecer para eles: "negros", vindos do interior, "ignorantes" e sem especialização profissional. Uma de suas marcas era dizer a vida, discorrer sobre questões aflitivas, por meio das músicas improvisadas em sermões, orientações, palavras que fossem capazes de fazer acreditar em possibilidades de enfrentamento e superação dos problemas. As festas, que aconteciam nos bairros mais afastados e pobres, começaram a ser frequentes. Ganhou destaque a maneira inovadora de, por meio da arte da fala, acompanhar o som das vitrolas e o balançar dos corpos, todas práticas embrionárias do *hip-hop*.

Concomitantemente, na década de 1960, a Jamaica, vivendo uma série de problemas sociais e políticos, também foi palco do surgimento e do desenvolvimento de grupos ativistas negros em favor dos direitos e da justiça social que, juntamente com os princípios do movimento rastafári, também defendiam, entre outras reivindicações, a emancipação da população negra. O rastafarianismo, valendo-se de fontes da tradição africana, "fundou uma nova prática de ler a Bíblia, subvertendo-a, e exerceu um papel crucial no movimento moderno que tornou 'negras' pela primeira vez e irremediavelmente a Jamaica e outras sociedades caribenhas" (Hall, 2003: 43). Antes de correr mundo, a doutrina e os discursos rastafarianos, paulatinamente, impregnaram as letras dos cantores de *reggae* e influenciaram sobremaneira as experiências dos *rude boys*.

> Em meio ao movimento *reggae* jamaicano, animadores das festas acrescentavam aos sons dos toca-discos recriações de linha rítmicas e, sobre elas, um outro discurso espontâneo, ou seja, o *talk over* [falar por (ou em) cima]. Daí, o que era apenas um apelo, um estímulo para a festa, feito de improviso, foi ganhando contornos poéticos e políticos (Lindolfo Filho, 2004: 137).

A crescente precarização das condições de vida de parte da população imiscuída no entretenimento musical reveste-se de politização, transformando-se em movimento político, de maneira que "o *reggae* dá gênese ao *rap*" (Lindolfo Filho, 2004: 135). As referências a matrizes de origem africana continuamente se hibridizam, sustentando as produções culturais negras no mundo. Para Herschman (2000), quando, na Jamaica, Kool-Herc e Grand Master Flash utilizaram técnicas da música eletrônica, como os *sound systems*, as misturas de sons e os repentes eletrônicos "estavam sustentando o surgimento do *rap*" (p. 19) que, posteriormente, nos anos 1970 mudaria o rumo da cultura negra nos EUA.

Na busca de pistas sobre a formação do *hip-hop*, nota-se que, para além da Jamaica e dos Estados Unidos, as rotas históricas, em especial as do *rap*, têm sido associadas a práticas culturais da África tradicional — recriadas na atualidade —, nas quais a linguagem oral assume papel central. Em ocasiões especiais, os *griots* (homens) ou as *griottes* (mulheres), cronistas, oralizavam publicamente memórias, histórias de costumes e feitos das sociedades, responsabilizando-se pela difusão dos ensinamentos por meio da palavra, tida como fonte da cultura e de saber. Mestres da arte de narrar, eles e elas são educadores, contadores de histórias, artistas, poetas e musicistas, cujo papel na comunidade é recriar e fazer circular no cotidiano os costumes e as memórias ancestrais[1].

Lindolfo Filho (2004) confere aos *rappers* o título de *griots* do terceiro milênio, evidentemente considerando as transformações e os incrementos tecnológicos de que eles dispõem. Em suas narrativas, eles tematizam o cotidiano, aconselham, denunciam, ensinam, tomando como referências aspectos do meio social, político, econômico e cultural em que vivem. O autor aponta que a narrativa oral, uma das bases do *rap*, é herança dos africanos que, escravizados e espalhados pelo mundo, sustentaram suas vidas recriando, produzindo, apropriando-se da musicalidade dos novos lugares. Nos Estados Unidos, a música religiosa, por exemplo, é recriada no *spiritual* (as orações cantadas) e no *gospel* (a musicalização dos trechos bíblicos). Essas e outras modalidades se misturam e são transformadas e reinventadas de geração em geração.

Para pensar as matrizes africanas, permanências e mudanças no *hip-hop*, tomo emprestadas as palavras de Hall (2003), para quem o fundamental "não é uma questão do que as tradições fazem de nós, mas daquilo que nós fazemos das nossas tradições" (p. 44). Esse argumento é importante não apenas para pensar o surgimento do *hip-hop*, mas também para olhar as transformações pelas quais passam continuamente os usos que dele são feitos de diferentes maneiras, considerando-se os embates e tensões desses processos políticos e culturais.

---

[1] Souza et. al. (2005) afirmam que os povos africanos trouxeram para o Brasil conhecimentos e tecnologia da agricultura, da metalurgia, da pesca e também rituais de celebração, modos de usar as linguagens e o costume de contar histórias como meio de formar e informar as pessoas, de reviver, resgatar, manter, transformar, enfim, integrar passado, presente e futuro. No Brasil, de modo geral, destaca-se a mulher negra como guardiã da memória: ela é quem conta histórias para dormir, para educar, para aconselhar.

Para entender como essa configuração cultural conhecida como *hip-hop* se torna conhecida no mundo e adquire contornos diversos, Nova York ainda é a principal fonte de referência. Foi lá que, entre o final dos anos de 1960 e início de 1970, período importante para a história dos negros americanos, marcado pela intensificação das lutas por direitos civis em meio a protestos, enfrentamentos físicos, comícios e boicotes, os negros organizaram-se para mudar leis segregacionistas. O forte racismo e as manifestações explícitas de preconceito e discriminação racial alimentaram a pauta de reivindicações por formulação de políticas públicas capazes de responder às necessidades específicas da população negra norte-americana: alterações de leis desfavoráveis; acesso aos bens, serviços e equipamentos públicos; melhores condições de trabalho; entre outras.

Importantes líderes ativistas, entre os quais se destacam Martin Luther King, Angela Davis, Malcolm X, Rose Parks, entre outros, tornaram-se referências para outras organizações surgidas na época, como a *Black Panthers*, que objetivou criar um Estado Negro capaz de alterar a correlação de forças, até então favorável apenas aos brancos. A marca da sociedade estava na determinação de lugares distintos para negros e brancos, sedimentando ideias inferiorizantes, que naturalizavam as desigualdades socioeconômicas.

Posteriormente, surge o movimento *Black Power*, com relevante papel para a disseminação de uma visão política baseada em referências africanas negras que inauguram o *slogan Black is Beautiful*, exaltando posturas e atitudes que pudessem elevar o autorrespeito e o *orgulho de ser preto*. As ideias que começam a ser propagadas nos EUA ganharam expressão na cultura musical[2], na estética das roupas e, em especial, nos cabelos[3] — coloridos, crespos, levantados, enrolados —, mostrando como as proposições circulavam, e ainda circulam, extrapolando fronteiras e ganhando recriações relacionadas às culturas locais.

---

[2] Assim como outros estilos musicais negros, o *soul* nasce na igreja por volta de 1970 e tem o cantor e dançarino James Brown, falecido em 2006, como o grande ícone. Um de seus maiores sucessos foi *Say it loud: I'm black and proud!*: "Diga alto: Sou preto e tenho orgulho disso!".

[3] "O cabelo" é um dos aspectos centrais em relação aos traços fenotípicos e identitários de pessoas negras (Gomes, 2006).

No que se refere à economia, a sociedade norte-americana viveu forte crise, na qual se sobressaíram o processo de desindustrialização e a elevação do desemprego. Além disso, ocorreram alterações no papel do Estado que se refletiram, por exemplo, no enfraquecimento dos programas assistenciais ou de transferência de renda. Nessa época, os norte-americanos também estavam às voltas com a guerra do Vietnã, o que colaborava com o quadro dramático, mais ainda para parte da população — negros ou hispânicos em sua maioria — enviada aos campos de combate e sofrendo com as sequelas de mutilação, morte e debilitação física e psicológica.

O quadro descrito serviu como pano de fundo para as primeiras expressões do *hip-hop*, embriões de uma cultura que, mais tarde, faria sentido na trajetória de parte da juventude negra nova-iorquina. O cenário político e social significou o acirramento das restrições e privações econômicas sentidas no cotidiano dos guetos.

Como registram alguns estudos (Dayrell, 2005; Herschmann, 2000; Andrade, 1996), o Bronx, bairro de negros e hispânicos, é o *locus* privilegiado do surgimento da cultura *hip-hop*. Com o esgarçamento e o pouco alcance dos programas sociais, a rua foi cada vez mais ocupada pelos jovens, que a ressignificaram como "o lugar" de passar a vida, jogar basquete, namorar, ouvir músicas, dançar, cantar e aprender. A rua também trazia a necessidade de criação de lideranças, o que implicava ser também lugar de disputas, envolvimento, em diferentes escalas, com furtos e tráfico de drogas, o que gerava consequências danosas, até mesmo a morte de integrantes de grupos ou gangues[4], a maioria do sexo masculino, segmento sobre o qual recaem mais fortemente as impossibilidades de inserção no mundo escolar ou no mundo do trabalho.

Como espaço de sociabilidade, é na própria *rua* que começam a surgir iniciativas comunitárias voltadas para o fomento de ações mais solidárias num universo em que a exposição a violências e a rivalidades era a

[4] Conforme Abramovay et al. (1999), a palavra *gangue* pode ser usada para designar uma organização juvenil, ou um grupo de jovens, por vezes ligado a atividades lúdicas, mas geralmente associada a atos de delinquência e transgressão.

tônica principal. Essas iniciativas foram compreendidas como estratégias de sobrevivência empreendidas para que toda uma jovem geração não fosse exterminada pela violência física e simbólica representada pela falta de perspectiva daquele quadro social.

Nesse meio, a cultura musical ganha novas dimensões, e o incremento das atividades ligadas à arte faz com que elas comecem a ser consideradas como alternativa de aglutinação de jovens. Cantar e dançar passa a ser visto como forma de imprimir diferentes sentidos às práticas urbanas e juvenis. Diversos estudos atribuem a Afrika Bambaataa, um ativista que enxergou no uso da palavra cantada um meio de resistência e sobrevivência, o mérito de ter sido um dos primeiros a vislumbrar os contornos do que hoje se conhece como *hip-hop*. Considerado o "papa do *rap*", em meados de 1978, associando as artes do MC, do DJ, do dançarino e do grafiteiro, cunha o termo *hip-hop*[5]. Ele foi influenciado por experiências jamaicanas, que lhe serviram de base para organizar grandes festas, encontros entre os jovens, nos quais a rivalidade foi deslocada do plano do enfrentamento físico para o enfrentamento no plano artístico. Nessas festas, importava cultivar o desafio ancorado na ideia de que a competição, na qual a destreza no uso do corpo ganha centralidade, era o propósito dos encontros.

> Como mais uma reação da tradição *black*, o *rap* surgiu nesse período nos guetos negros nova-iorquinos. Grand Master Flash [um DJ] elaborou o *scratch* — criar sons ao girar manualmente o disco sob a agulha em sentido contrário — e o *back spin* — extrair do disco uma frase rítmica, repetindo várias vezes e alterando o andamento normal da música — transformando o vinil num verdadeiro instrumento musical e fazendo do *disc jockey*, o DJ, uma figura central do *rap*. Nas festas de rua, que atraíam um número cada vez maior de jovens, os DJs emprestavam os microfones para que os jovens pudessem improvisar discursos acompanhando o ritmo da música. Eram os 'mestres de cerimônias' (MCs) (Dayrell, 2005: 46).

---

[5] Afrika Bambaataa é um dos fundadores da Zulu Nation, organização que, focalizando discussões raciais, tornou-se uma das maiores do movimento cultural *hip-hop* no mundo. Também presente no Brasil, a Zulu Nation é uma organização com inserção mundial que defende os saberes e a produção de conhecimentos como sustentáculos do universo *hip-hop*. Considera-se como o quinto elemento, juntando-se aos demais — *o break, o grafite, o MC e o DJ*.

Os novos modos de competir foram estendidos ao uso da palavra, à capacidade de criar rimas que acompanhavam a batida, o ritmo orquestrado pelos DJs. Sustentar a palavra e "dar o recado" exigia empenho para o aperfeiçoamento das técnicas de compor as letras, manter o ritmo da dança e a animação dos presentes nas festas. Nasce o MC, o mestre de cerimônias. Nos bairros, formaram-se grupos com o objetivo de inovar para poder imprimir suas marcas nos ambientes. O som, a dança, as rimas, as mensagens, o visual eram elementos fundamentais para aparecer e se destacar na cena.

A emergência de tais valores impregna discursos e atitudes, colaborando para a criação de códigos e orientações validadas nos grupos que se juntavam, ganhando força e destreza para as apresentações nas festas. Uma vez constituídos, esses grupos, circunscritos a determinado bairro, juntavam-se aos de outros bairros, originando as *crews*, *coletivos* batizados com nomes que expressavam as novas identidades em construção. Em substituição às gangues, coletivos propiciavam o exercício do convívio mais próximo e possibilitavam a negociação de interesses que se tornam comuns em torno da cultura do *hip-hop*.

A cultura *hip-hop* é por si só heterogênea uma vez que, como outras manifestações de forma híbrida, se faz e refaz, em especial nas grandes capitais.

> São as trocas vernaculares cosmopolitas que permitem às tradições musicais populares do 'Primeiro' e do 'Terceiro' Mundo se fertilizarem umas às outras, e que têm construído um espaço simbólico onde a chamada tecnologia eletrônica avançada encontra os chamados ritmos primitivos (Hall, 2003: 38).

Diante dos contornos que o fenômeno assume, outra afirmação de Hall (2003) se faz importantíssima em um momento em que também no Brasil o *hip-hop*, assim como o samba e outras produções culturais negras, não raramente são apreendidas "simplesmente em uma noção nostálgica e exótica de recuperação de ritmos antigos" (Hall, 2003: 38). Esta visão dificulta a compreensão da musicalidade como parte da história diaspórica e, por isso mesmo, como forma de fazer política e de sustentar os letramentos de reexistência.

O CONTEXTO URBANO DA CIDADE DE SÃO PAULO: DIÁLOGOS COM O *HIP-HOP*

É fundamental situar o surgimento do *hip-hop* no Brasil, que ocorre dentro de um contexto sociopolítico bastante singular. Entre o final dos anos 1970 e o início dos anos 1980, o declínio de um período de quase vinte anos de ditadura militar autorizava a tomada das ruas dos grandes centros urbanos pelos movimentos sindicais e populares. A fase de hiperinflação, o aumento no índice de desemprego e a precarização das condições de vida fomentavam manifestações de entidades e organizações que, por meio de ações coletivas, buscavam influenciar a consolidação da transição política em curso: queriam que suas vozes fossem ouvidas e suas reivindicações, atendidas.

Um dos aspectos evidentes do período é o acirramento das desigualdades sociais, juntamente com o aumento da força dos partidos políticos e dos sindicatos. Alia-se a isso a forte presença dos grupos e movimentos sociais que podem ser entendidos como "tentativas coletivas de promover um interesse comum ou de assegurar uma meta comum por meio de uma ação fora da esfera das instituições estabelecidas" (Giddens, 2005: 357). Nesse sentido,

> a novidade eclodida em 1978 foi primeiramente enunciada sob a forma de imagens, narrativas e análises referindo-se a grupos populares os mais diversos que irrompiam na cena pública reivindicando seus direitos, a começar pelo primeiro, pelo direito a reivindicar direitos (Sader, 1998: 26).

Com "algo de novo emergindo na história social do país" (Sader, 1988: 26), diversos segmentos da sociedade, como mulheres, negros, mães, diante de suas insatisfações e carências específicas, buscaram organizar-se em ações coletivas, posteriormente nomeadas como novos movimentos sociais — NMS —, e evidenciaram formas de participação e de valorização de práticas culturais, politizando o cotidiano, mostrando significativa capacidade de mobilização para influenciar leis e políticas públicas (Sader, 1988; Gohn, 2002; Andrews, 1998).

Sobretudo nas áreas urbanas, o Brasil vivia os efeitos da queda nos níveis de emprego, que atingia diferenciados setores da população. O período também é marcado por importantes experiências grevistas que articulavam aspectos políticos, econômicos, culturais e ideológicos. Em seu estudo sobre o período de greve dos bancários em 1985, Blass (1992: 178) destaca duas perspectivas de enfrentamento existentes: a da pressão e a do modo de expressão caracterizado pela festa que, segundo ela, influenciou as práticas sindicais nos anos seguintes, nos quais são relevantes os modos "festivos" de apresentar ao Estado e ao patronato as reivindicações, bem como de estabelecer relações com a população e as mídias. Essa reivindicação de direitos na forma de "festa" contribuiu para dar visibilidade aos espaços urbanos das cidades, tal como o centro velho de São Paulo.

O centro velho — compreendido pelo triângulo formado pela praça da Sé, vale do Anhangabaú, praça da República e ruas adjacentes — concentrou parte expressiva do setor bancário, de serviços e de instituições públicas que, aliás, sempre empregaram grande contingente da população negra. Foi, e ainda é, corredor de intenso comércio de lojas de rua, agências de emprego e agências bancárias. Além disso, cercado por todos os meios de transporte público, estimula o fluxo de pessoas de todas as regiões da cidade, como revela Altair Gonçalves, o Thaíde, um dos fundadores do movimento *hip-hop* brasileiro, ao relatar a César Alves (2005) sua aproximação com essa cultura:

> (...) eu e um amigo, que até hoje é um dos meus grandes irmãos de rua, o Mário — que fundou comigo o grupo de *b.boys* Back Spin —, saímos para procurar emprego no Center Norte. O *shopping* ainda estava sendo construído e diziam que já estavam abrindo vagas. A gente foi lá ver se conseguia arrumar alguma coisa. Quando chegamos, informaram que já haviam acabado as vagas. Então, voltando para casa, a gente decidiu dar um pulo no centro. Naquela época, ainda não se tinha nenhuma informação sobre o *break*, a não ser o que passava na televisão. Só que nós já sabíamos que já rolava a tal dança na rua 24 de Maio. Chegando lá, tinha uma aglomeração, uma puta zoeira, uma grande reunião de pessoas, onde tocava um som. (...) A gente passou a tarde observando os caras. Aquilo nos atingiu muito (p. 26).

É nesse cenário que, por volta de 1980, surgem em São Paulo e no Rio de Janeiro a dança e um tipo de música que posteriormente seriam constitutivos da cultura *hip-hop,* ainda sem ser caracterizada como movimento sociocultural e sem vislumbrar o alcance e a influência que nas décadas seguintes viria a ter.

Muitos ativistas do movimento cultural *hip-hop*, ao evocar suas memórias, citam que, quando buscavam emprego e participavam desses momentos de sociabilidade, estavam, sem saber, em uma rota de aproximação com o *hip-hop*. As memórias dão conta da cidade como cenário de sobrevivência, em que a busca por inserção no mercado de trabalho, a necessidade de lazer, sociabilidade e circulação cultural fizeram com que a população negra tivesse o centro de São Paulo como referência.

Ao reocupar um lugar e apropriar-se de símbolos ritualizados, o movimento reinventou tradições, definidas por Hobsbawm e Ranger (2002) como:

> (...) um conjunto de práticas normalmente reguladas por regras tácita ou abertamente aceitas; tais práticas de natureza ritual ou simbólica visam inculcar certos valores e normas de comportamento (p. 9).

Ao imprimir seu estilo e estética ao centro da cidade de São Paulo, o *hip-hop* coloca-se em um lugar de memória que remete às formas de estabelecer laços provisórios de solidariedade que, sustentados coletivamente, foram fundamentais para garantir a sobrevivência de negros cativos ou libertos ainda na época do Brasil Colônia.

No processo de ocupação da cidade, destacam-se as ações de pessoas, de grupos negros, as casas de candomblé e as associações ligadas à religião católica, como as irmandades negras. Entre elas, está a Irmandade de Nossa Senhora do Rosário, hoje localizada no largo do Paissandu, que, sobretudo durante o século XIX, foi espaço de assistência e de resistências, constituindo-se em referência para a organização de escravizados ou libertos.

> As irmandades significavam para os negros a possibilidade de resgatarem a sua humanidade e viverem a esperança de dias melhores. Em vista disso, constituíam-se como funções essenciais destas

> associações — proteger, socorrer e prestar auxílio a seus membros nos momentos de dificuldade e doença (Cezerilo, 2002: 33).

As irmandades, mesmo após o período pós-abolição, mantêm-se em um movimento pendular e conflituoso entre as dimensões devocional e social, carregando, também, a tensão de equilibrar-se entre a aceitação da tutela e a busca por autonomia em relação aos eclesiásticos.

Em períodos seguintes, ganham forma outras organizações na cidade, que buscavam fazer frente aos ditames impostos pelo processo de industrialização, que primava por uma política de urbanização da capital. As novas configurações políticas, econômicas e culturais impunham a transformação de um conjunto de atividades, com vistas a sustentar as maneiras de ocupar os espaços urbanos, principalmente no que se refere à moradia, ao trabalho e, em especial, às formas de sociabilidade e práticas culturais negras, que destoavam do projeto de sociedade moderna e dos anseios de progresso que se pretendia para o Brasil.

De diferentes maneiras, pessoas negras, e também pessoas brancas, em semelhante situação de precariedade, buscavam, nos arredores do centro, alternativas aos processos de expulsão, que não apenas as alocavam em lugares distantes do centro urbano, como também cerceavam as possibilidades de acesso aos bens e serviços que começavam a aparecer na cidade. A rua, que antes era um espaço de sociabilidade, também começa a ser negada.

Diante dos impedimentos "das pessoas de cor" de frequentar os clubes sociais, em especial na cidade de São Paulo, surgiram, na década de 1960, pelo menos duas entidades dirigidas para a população negra: o Aristocrata Clube, mais frequentado por profissionais liberais, autônomos ou funcionários públicos, e o Clube 220, voltado para os operários e empregados do comércio e da indústria. Ambos, afirma Félix (2006), promoviam atividades de lazer, confraternizações e bailes como reação à segregação racial e também com o intuito de promover discussões e debates sobre questões cujo foco era "achar o lugar do negro na sociedade brasileira". É interessante destacar que o responsável pelo "musical" nos bailes era uma figura muito semelhante ao que hoje chamamos DJ. Era ele quem "comandava" o disco na vitrola, dando, assim, o tom das festas.

Para exaltar o "ser negro", o Clube 220 realizava, entre outras atividades, o concurso "Bonequinha do Café", que coroava a negra paulistana mais bonita, no dia 13 de maio. O evento, com sede na Igreja da Irmandade dos Homens Pretos, ocorreu em espaço público de 1962 a 1977, ano em que algumas organizações negras presentes na festa estenderam uma faixa com os dizeres "Abaixo o racismo brasileiro!". Esse momento foi seguido pela leitura de um manifesto que criticava as discriminações e os preconceitos raciais vividos pelos afro-brasileiros. O acontecimento marcou a história da luta antirracista brasileira.

Os anos 1970 engendraram um clima propício para o crescimento da mobilização política dos negros em prol da emancipação. Eram sentidos os reflexos das barreiras sociais e raciais ainda vividas pelos negros e havia um questionamento mais direto em relação ao entendimento da legitimidade dessas festas como espaço de luta e de resistência. Ao mesmo tempo, chegavam aqui as referências dos movimentos negros do exterior, o que acontecia juntamente com o processo de abertura política e ocupação das ruas das capitais pelos movimentos sociais.

Ao mesmo tempo, em 1978, dois fatos ajudam a compor o quadro de acirramento das tensões raciais: a morte de um jovem negro pela polícia e também a expulsão de quatro jovens negros do tradicional Clube de Regatas Tietê, frequentado por pessoas brancas e mais abastadas. Os fatos ganharam espaço na imprensa e, em abril e maio daquele ano, tornaram-se o estopim para que a orientação política fosse mais explicitada e assumida pelos grupos que visavam pressionar o governo e as autoridades para as ações de combate ao racismo e à discriminação (Andrews, 1998; MNU, 1988).

Por essa época, registra-se também o momento de fundação do Movimento Negro Unificado — MNU — em um ato público ocorrido nas escadarias do Teatro Municipal de São Paulo, ocasião em que foi lida uma Carta de Princípios, com assinaturas de representantes de vários Estados e com a presença de mais de 500 figuras representativas do cenário negro. Tratava-se

> (...) de uma concentração de protesto de negros contra o racismo num país em que os ditadores militares propagandeavam a existência da democracia racial. Assinale-se também neste ato público de

> 7 de julho de 1978 o nascer do embrião de um movimento negro em nível nacional (Andrews, 1991: 123).

Também na década de 1980, diante da emergência das lutas sociais, com marcas evidentes das mobilizações operárias de São Paulo e dos metalúrgicos da região do ABC, o centro de São Paulo era frequentemente tomado por manifestações públicas organizadas por entidades diversas — ativistas do movimento organizado do segmento de mulheres, de jovens estudantes, de negros e de categorias profissionais dos setores bancário, saúde e educação, entre outros. Segundo Sader (1988), foi um momento em que novos personagens entraram em cena, desafiando os mecanismos institucionais vigentes e instituindo novos valores e atitudes para o campo político.

Além disso, para o movimento social negro, a primeira metade de 1980 foi marcada pela intensificação das críticas contra o racismo, por meio de atos que denunciavam, reivindicavam e propunham ações em favor da população negra. Ocorria uma série de encontros nas sedes de sindicatos, salões de igrejas e nos centros acadêmicos de algumas faculdades, geralmente à noite ou em finais de semana, invariavelmente acompanhados de leituras e discussões que pudessem servir como subsídios para entender a condição de classe e de raça no Brasil. Nas reuniões, começaram a proliferar materiais escritos, muitos ainda mimeografados, que circulavam de mão em mão: boletins, informativos, resenhas de livros, poesias de autores(as) negros(as). Havia o engajamento de parte dos ativistas não apenas no MNU, mas também nos partidos, principalmente no Partido dos Trabalhadores — PT, algo novo e promissor no meio político de então.

Destaca-se que nas imediações da rua 24 de Maio estavam localizadas as grandes galerias, com dezenas de lojas de roupas, salões e produtos para cabelo, discos e aparelhagens eletrônicas, todos itens importantes para as produções das festas que aconteciam com mais intensidade desde a década de 1970, nos finais de semana, tanto nos clubes como nos salões do centro e dos bairros afastados. Nesses espaços e arredores, concentravam-se pessoas ou envolvidas com a divulgação e venda dos convites, ou que queriam conhecer as novidades e informações pertinentes ao universo musical em questão. Lá se ditava a moda da juventude negra: o que usar, o que vestir, como falar, aonde ir e o que ouvir; como dançar o *soul*, o *samba-rock* e depois o *funk*. Havia forte identificação entre os frequentadores, por meio dos símbolos e valores partilhados na rua e nos bailes.

> Nos espaços majoritariamente frequentados por negros, observamos também a busca de uma existência social distanciada da discriminação racial, cotidianamente vivenciada nas ruas, na sociedade. Nos bailes *black*, por exemplo, exercitam a sua autoestima e mais: a sua condição cidadã (Malachias, 1996: 10).

Para as pessoas, a força da identificação fazia com que fosse comum sair do trabalho e "passar na galeria" antes de ir para casa ou para a escola, ou ainda, vir dos bairros mais distantes de São Paulo em direção ao centro única e exclusivamente para encontrar com seus pares e combinar as diversões, conversar, *ver e ser visto*. Além disso, era possível usufruir dos serviços que só se encontravam nesses "lugares de preto": lojas de roupas e sapatos ou salões de cabeleireiro.

Chic Show, *Zimbabwe*, *Black Mad* e *Company Soul* são os nomes de equipes ligadas ao universo do *soul* ou ao *funk* que profissionalmente organizavam as festas dançantes. Seus integrantes dispunham de discos, nacionais e importados, alugavam salões e a estrutura necessária à produção dos eventos dançantes. Parte dessas equipes se profissionalizou e continua, até os dias atuais, animando salões e clubes, locais que recebem jovens e também os mais experientes, com mais de 40 anos. Não raramente nessas festas dançam juntas, no mesmo espaço físico, duas ou três gerações de pessoas (Malachias, 1996; Félix, 2000; Macedo, 2004).

Uma parcela dos envolvidos com os movimentos sociais negros frequentava o universo da música negra, porém não havia uma relação direta ou mais explícita entre os dois lados. Pelo contrário, para alguns militantes, os frequentadores assíduos da "galeria" eram festeiros e menos engajados politicamente. Estes, por sua vez, alegavam que os militantes falavam apenas de política e eram avessos a festas.

Nesse cenário, a cultura *hip-hop* encontrou acolhida: surge e se desenvolve tomando proporções significativas e contribuindo para explicitar a relação umbilical entre festa e política, entre cultura e movimentos sociais. O *hip-hop* entra em cena em um momento em que, com mais ênfase, intelectuais, de dentro e de fora da esfera acadêmica, desenvolvem pesquisas e estudos importantes para a compreensão de que para a população negra a política se fez e se faz pela cultura. As festas e produções culturais surtem efeitos nas comunidades em que se realizam, deslocam papéis e lugares e criam o sentimento de pertença, politizando o cotidiano, estabelecendo redes que permitem apropriações de novos conhecimentos e formas de atuação.

A marca do *hip-hop* como cultura de rua revela que, para além de se caracterizar como um modo de intervenção artística, o movimento impõe um modo de viver e de se expressar, usando os lugares públicos como espaços de práticas sociais e culturais. Na rua, a ordem era ocupar os espaços para dançar, divertir-se, criar e competir.

O fato de dançar mais e melhor favoreceu a criação de grupos, que se autodenominavam equipes de *break*, para elaborar e ensaiar os passos marcados das coreografias que, coletivamente, criam e sustentam a noção de pertença a uma comunidade[6]. A qualidade da participação era balizada pela destreza na dança em competições chamadas *batalhas*, que mediam o potencial dos integrantes dos grupos, revelavam novos talentos e conferiam respeito e poder aos que se destacavam.

Nas ruas, além dos grupos de *break* que se ampliam, ganham expressão e visibilidade, estão os MCs dos grupos de *rap*, os DJs e os grafiteiros. Consolida-se aí a junção das quatro linguagens artísticas que sustentam, ainda hoje, o que se denomina como cultura *hip-hop* ou movimento cultural *hip-hop*. Essas linguagens estão materializadas em quatro figuras, a saber: o MC, o DJ, o dançarino e o grafiteiro.

MC

Em um evento de *hip-hop*, o mestre ou a mestra de cerimônia, MC, veicula a mensagem, declama e canta a poesia, da qual geralmente tem a autoria. Seu papel é usar a voz para falar do cotidiano; ele ou ela, pela poesia, trazem aspectos do contexto social e cultural e mostram de que maneira mantêm relações com questões globais e locais.

---

[6] Aqui é interessante observar que a formação das equipes de dança guarda semelhança com o que acontecia nos bailes de *funk* e de *soul*. É mais um entrelaçamento do fio diaspórico presente na cultura musical negra.

Figura 1: MC no palco

Cada MC imprime a sua palavra cantada um estilo que o faz diferenciar-se dos demais. Não podemos esquecer que a dimensão da "competição" está sempre presente. Geralmente, ocorre o que os ativistas chamam de *free style*, falas improvisadas em forma de versos, em cima da batida do DJ, em torno de assuntos, fatos ou temáticas. Aqui é possível perceber uma semelhança com o repente — estilo musical típico da região Nordeste do Brasil. Na ausência de um DJ (nem sempre se pode contar com uma aparelhagem) ou para simplesmente mostrar a habilidade, existem outras variações, como, por exemplo, o *beat box*, técnica de produzir com a boca sons de batidas e equipamentos musicais. O próprio MC, ou alguém que o acompanha, pode fazer uso dessa técnica para dar o "tom" do *rap*.

DJ

A arte de ser disc-jóquei — DJ — está em elaborar as composições sonoras que, em toca-discos e/ou computadores, mostram resultados das técnicas que fazem dialogar sons diversos e excertos de outras músicas, coladas e remontadas. A função, pelo manejo das aparelhagens, é criar e sustentar a cadência no ambiente, festa ou apresentação de *hip-hop*.

Os estilos são variados, e cada DJ imprime sua assinatura na discotecagem, seja quando está acompanhando um MC, seja quando atua individualmente comandando uma festa.

Figura 2: DJ em mesa de som

B.BOY ou B.GIRL

Colabora para a montagem dessa cena a singularidade de cada dançarino, com suas roupas largas e coloridas. A aparência é a ambientação ideológica que busca afirmar as identidades. Na cultura negra, a arte, a musicalidade e a corporeidade representam formas de criar e manter a sociabilidade, algo fundamental para a sustentação cotidiana.

O dançarino pode se valer de variados estilos para mandar sua mensagem, utilizando desde uma mecanização do corpo, expressa em movimentos quebrados, de braços e cotovelos imitando robôs, até giros e acrobacias que mostram uma agilidade ímpar.

Quem dança usa a linguagem do corpo para se expressar. Importa mostrar esse corpo responsivo, que fala e interage não apenas com os demais elementos da cultura *hip-hop*, como também com o que está acontecendo ao redor. As *performances* mostram flexibilidade, agilidade e destreza com técnicas criadas e recriadas por *b.boys* e *b.girls.*

Figura 3: *Performance* de *b.boy*

GRAFITE

O grafite é um texto multissemiótico, que mescla o verbal e o não verbal, com diferentes técnicas e estilos para intencionalmente interferir na paisagem urbana. O grafiteiro ou a grafiteira pintam temáticas significativas do momento que se vive. Classicamente os trabalhos que se apropriam dos muros e fachadas são utilizados para "mandar sua mensagem".

Até que o grafite fosse reconhecido como arte, muitos grafiteiros foram espancados, presos como "perturbadores da ordem", mas mesmo tendo cerceadas suas escritas em forma de desenho, continuaram a buscar formas de sustentar sua arte subversiva. Atualmente, alguns grafiteiros, em sua maioria brancos e de classe média, expõem seus trabalhos em galerias ou são convidados para pintar em espaços públicos. Além disso, é interessante observar como a escola, por meio de oficinas ou nas aulas de artes, em uma tentativa de envolver alunos e comunidade, vem abraçando o grafite como uma expressão artística válida e relevante. Isso não significa que todos os desafios foram vencidos, uma vez que, devido ao custo de sua produção — *sprays*, suportes, rolos, pincéis —, muitos não têm como expressar sua arte de forma socialmente legitimada.

© Thiago Vaz

Figura 4: Grafite de Tiago Vaz

MOVIMENTO CULTURAL *HIP-HOP* E AS RELAÇÕES COM AS INSTITUIÇÕES

Outro aspecto que marca a trajetória do *hip-hop*, com mais ênfase após 1990, diz respeito à incorporação mais explícita, em suas formas de se expressar, das marcas de luta e resistência relacionadas à estética e à festividade. Se, anteriormente a esse período, a ordem era ocupar os espaços da rua para dançar, divertir-se, criar e competir, agora se tratava de compreender e agir diante da repressão policial que os acusava de perturbação da ordem pública.

Diante disso, os grupos passaram a atuar em locais fechados, tais como ONGs, escolas e centros comunitários. Estando mais próximos de seus locais de moradia, começaram a ficar mais atentos aos problemas do dia a dia, tais como a violência, a repressão policial e o desemprego. Para entender o porquê de aquelas regiões conviverem especificamente com tais problemas, começam a se reunir mais sistematicamente para discutir, debater e apresentar soluções para os enfrentamentos diários. A participação em atividades, que vão desde campanhas do agasalho, festas para arrecadar fundos para ações comunitárias, até palestras em escolas e centros comunitários, faz com que sejam estabelecidas trocas entre a cultura *hip-hop* e a vida cotidiana na periferia.

Nesse contexto, surge a necessidade da criação de uma entidade para representar os vários grupos espalhados pelas regiões da cidade de São Paulo. Segundo Andrade (1996), nesse momento se redefinem as configurações da cultura *hip-hop*. É criado, em 1989, o MH20 — Movimento *Hip-Hop* Organizado. Essa segunda fase marca o interesse em conhecer as referências já incorporadas ao universo de reivindicações dos afro-americanos, tais como questões relacionadas aos direitos civis dos negros, como acontecia no *hip-hop* dos EUA.

> No início dos anos 1990, verificamos entre os *rappers* paulistanos a influência da segunda geração do *rap* norte-americano. Nesse momento, a luta pelos direitos civis da população negra e a mobilização dos símbolos afro-americanos internacionalizados integraram-se ao universo discursivo de grupos como o *Public Enemy, NWA, KRS One, Eric B* e *Rakin*, entre outros. Referências à África, a Malcom X, a Martin Luther King, aos Panteras Negras, ao Islã. Presentes nas músicas, nos videoclipes e nas capas dos discos, esses símbolos se tornaram também familiares aos *rappers* paulistanos (Silva, 1999: 29).

Novos direcionamentos e objetivos começam a ser traçados diante das questões sociais e raciais. Os encontros começam a contar com a presença de integrantes de organizações ligadas ao movimento social negro, que enxergam nessas organizações juvenis um espaço produtivo para o desenvolvimento de atividades de grande visibilidade para que pudessem fazer o discurso atingir e ser significativo para um maior número de pessoas. Destaca-se na época a ação da Geledés, uma organização governamental voltada para direitos das mulheres e jovens e contra a discriminação racial e de gênero, que sustentou o Projeto Rappers, atendendo uma demanda de grupos de jovens vítimas de repressão policial. Entre 1992 e 1998, a instituição Rappers desenvolveu várias estratégias de atenção e apoio — inclusive editando uma revista, a *Pode Crê!*, voltada para a cultura *hip-hop* — servindo de referência para projetos em diversas partes do Brasil, inclusive governamentais.

Em São Paulo, a intensificação das trocas conduz ao conhecimento de que a cultura de rua é mais do que dança, mais do que rima: trata-se também de um espaço de contestação diante do racismo, das discriminações raciais e das desigualdades sociais; nesse contexto, "os *rappers* enfatizam que o 'autoconhecimento' é estratégico no sentido de compreender a trajetória da população negra na América e no Brasil" (Silva, 1999: 29). Em função desse aspecto, há maior investimento na busca de aportes e qualificação para os discursos, o que intensifica a aproximação dos *rappers* com fontes e espaços que possam significar a posse de conhecimentos, o que passa a ser visto quase como condição para a ação, conforme apontado por Silva (1999).

Com a densidade das novas informações, o *rap* vai de um estilo marcado pela fala rápida e por letras com conteúdos menos críticos às questões sociais ou raciais — o *rap* tagarela —, para um estilo politizado, que tende menos para a dança e a diversão e mais para a escuta, a reflexão e a politização.

> A condição de excluído surge no discurso *rapper* como objeto de reflexão e denúncia; mais uma vez (...) os *rappers* falam como porta-vozes desse universo silenciado em que os dramas pessoais e coletivos desenvolvem-se de forma dramática. Chacinas, violência policial, racismo, miséria e a desagregação social dos anos 1990 são temas recorrentes na poética *rapper*. São reflexos da desindustrialização da metrópole e da segregação urbana que dividiu a cidade em condomínios fortificados e bairros pobres (Silva, 1999: 31).

Esse retrospecto do movimento cultural *hip-hop* oferece indícios para pensar o porquê da amplitude de ocupação e transformação dos espaços onde ele consegue chegar e, também, o porquê de seu reconhecimento atual como um movimento cultural e político de desenvolvimento de práticas socioeducativas, de resistência e de autoafirmação. De certo modo, o *hip-hop* se filia a uma noção de educação, em sentido amplo, nos moldes explicitados por Silva (2003), ao tratar de uma concepção de educação pautada na matriz africana.

> Só se torna educado quem se vale da educação para progredir no tornar-se pessoa, o que implica fazer parte de uma comunidade. A comunidade, território de convivências, se forma e mantém no conjunto de relações entre as pessoas, o que possibilita a cada um exercer, desenvolver, enriquecer suas energias, potencialidade, saberes (p. 186).

Nesses moldes, a educação seria importante para que as pessoas aprendessem a "conduzir a própria vida" (Silva, 2003), usufruindo coletivamente dos aprendizados, tal como acontece em outras expressões culturais da diáspora negra: capoeira, maracatus, jongo, maculelê, terreiros de candomblé, congadas, sambas, batuques, rodas de *soul* e *funk*, nas quais as diversas maneiras de participar têm feito sentido e representam, para o segmento negro da população, possibilidades de trocas e de sociabilidades no processo de educação de várias gerações.

ESPAÇOS PRATICADOS DE LETRAMENTOS

No universo *hip-hop*, uma das questões centrais diz respeito à necessidade de produzir novas formas de experimentar e apropriar-se de conhecimentos e saberes socialmente construídos e, nesse sentido, os usos da linguagem ganham importância fundamental. Os grupos têm buscado modos de visibilizar as novas maneiras de relacionar-se com práticas culturais, cuja centralidade está na linguagem escrita, gestual, imagética, musical. Participar do *hip-hop* tem significado aprender a inserir-se no universo letrado, alterando as imagens naturalizadas sobre as práticas de letramento dos jovens de periferia, dos jovens negros e pobres.

Nas mais diversas atividades que os jovens realizam, estão presentes o uso e a movimentação de suportes diversificados — livros de biografia de personagens históricos; letras de música; livros de história e vídeos —, materiais que provêm de diversas fontes: emprestados de bibliotecas, doados, emprestados aos grupos. Uma das funções dos ativistas envolvidos na cultura *hip-hop* está em disseminar valores que têm servido de referência para a sustentação de práticas de letramentos capazes de responder às suas demandas e interesses, bem como aos da comunidade em que vivem.

A apropriação de conhecimentos significativos aproximam os participantes da vida dos descendentes de africanos, não apenas no Brasil, mas também nos EUA, acomodando também as questões sobre desigualdades de classe e, mais recentemente, de gênero.

Ainda que a apropriação de conhecimentos possa se dar de forma difusa, em meio a atividades variadas, tais como *shows*, debates e palestras, alguns grupos ainda valorizam as reuniões como lócus privilegiado da circulação e produção de conhecimentos. Tais reuniões, que podem ou não ocorrer no próprio bairro, demandam planejamento: escolha do local (geralmente espaço cedido); negociação e solicitação do local; agendamento de data e horário; convocação dos membros; organização do local. Nos encontros, são discutidos os pontos da pauta; há também a distribuição de tarefas, o desenvolvimento da reunião com ou sem registro escrito e a combinação de novos encontros.

De maneira geral, as ações desenvolvidas coletivamente envolvem também a discussão de questões pertinentes às condições estruturais de vida da comunidade ou ainda em proposições de atuação para a melhoria local, como campanhas e ações solidárias e reivindicações junto ao poder público, configurando-se em novos usos da linguagem escrita e oral.

Não raras vezes, é a partir do envolvimento em espaços não escolarizados de educação que os usos da linguagem escrita são valorizados, pois ganham sentidos no cotidiano.

Ainda que o saber escolar seja também validado pelos ativistas e que a escola seja vista como uma agência importante, podemos afirmar que, se o processo de letramento é orientado por várias instituições sociais, agências com dinâmicas e características diversas, o movimento *hip-hop* pode ser considerado como um espaço de práticas que, sem ser fixo ou suficientemente institucionalizado, engendra possibilidades de usos da linguagem em práticas letradas.

Nesse universo, nas diversas práticas de uso da linguagem que se mobilizam nas comunidades, os ativistas atuam como agentes de letramentos que têm como característica serem

> conhecedores dos meios, fraquezas e forças dos membros do grupo e de suas práticas locais, mobilizadores de seus saberes e experiências, seus 'modos de fazer' (inclusive o uso das lideranças dentro do grupo), para realizar as atividades visadas: ir e vir, localizar, arrecadar, brincar, jogar, pesquisar (Kleiman, 2006b: 11).

Muitas vezes sem dispor de meios para o trabalho, mostram-se agentes ao criar condições alternativas, como também ao formar outras pessoas por meio das vivências que realizam, nas quais colocam em foco as concepções de aprender e de ensinar próprias do que denomino *letramentos de reexistência*. Nesses espaços praticados, aparece uma mutiplicidade de práticas que, relacionadas aos mais diferentes contextos, envolvem tanto os usos socialmente valorizados como os não valorizados da linguagem, que necessariamente dizem respeito às intenções e objetivos compartilhados e, sobretudo, reinventados.

> Aí se manifesta a opacidade da cultura "popular" — a pedra negra que se opõe à assimilação. O que aí se chama sabedoria define-se como trampolinagem, palavra que um jogo de palavras associa à acrobacia do saltimbanco e à sua arte de saltar no trampolim, e como trapaçaria, astúcia e esperteza no modo de utilizar ou de driblar os termos dos contratos sociais (De Certeau, 1994: 79).

Desde as letras de *rap* até as vivências idealizadas e proporcionadas por eles, os ativistas mostram-se como sujeitos que resistem à linguagem dogmática, aquela que estabelece apenas um modo "certo" de utilizar a linguagem, o padrão, e buscam legitimar e tomar posse de outros modos de inserção no mundo letrado. Novamente, essas são características próprias de um agente de letramento, de um ator que, mesmo sem grandes recursos disponíveis, mobiliza "táticas, recursos, estratégias, os conhecimentos e a disponibilização das tecnologias" (Kleiman, 2006b).

Nos eventos de letramentos realizados pelos ativistas, a palavra se investe e se reveste de contornos específicos, conjugando aspectos tais como o contexto sócio-histórico de produção, os objetivos dos falantes envolvidos, as relações de poder imbricadas, a dinâmica e as múltiplas maneiras de uso social da linguagem.

Para compreender a complexidade envolvida nessas práticas de letramentos, nos capítulos seguintes, identificarei no discurso as singularidades dessas práticas e da ação do *hip-hop* como uma agência de letramentos. Além disso, procurarei conhecer os posicionamentos dos sujeitos como agentes de letramentos que se movimentam em contextos socioculturais não escolares que parecem redefinir suas identidades sociais.

4

EM MOVIMENTOS, AGÊNCIA E AGENTES EMERGENTES

eu não leio só livro porque eu não acredito em livro, porque de qualquer forma foi um autor, eu não sei quem é esse autor, /.../ uma pessoa, por mais que ela pesquise, tem a ideia dela e eu não acredito muito em livro (.) por isso assim, eu leio, eu gosto de ler, (.) mas /.../ aí: eu ouço pessoas, às vezes eu vou — já fui em terreiro. já:::: fiz pesquisa com quem to:::ca há muito tempo e aí eu vou (.) tipo aqui fala muito dos *griots* assim, (.) é uma coisa que eu queria achar/ *griots* são (.) historiadores. eles chegavam nas aldeias assim e contavam as histórias.

(Débora)

É preciso compreender como os ativistas inseridos na cultura *hip-hop* se apropriam e produzem práticas singulares de uso social da língua. Durante a primeira *roda de conversa*, os participantes da pesquisa ficaram surpresos com o que haviam descoberto sobre as práticas de leitura uns dos outros: o que liam, como liam e como significavam os mais diversos materiais impressos, tais como livros, jornais, panfletos, material de propaganda de eventos culturais dos quais tomavam parte etc. No grupo, a discussão sobre a importância do debate e da troca de impressões, para além dos palcos ou das reuniões para organizar atividades, ganhou mais corpo desde que apresentaram os acervos que compartilhavam em suas casas.

Esse momento de trocas foi excelente oportunidade para propor aos jovens a elaboração de uma narrativa na qual pudessem reconstituir para os demais as etapas de suas vidas que consideravam significativas.

Nesse contexto, os jovens escreveriam para o grupo participante das *rodas de conversa* e leriam essas produções aos demais, no encontro seguinte. Como preparação, apenas conversamos brevemente sobre como podíamos considerar, em geral, as principais etapas da vida das pessoas — infância, adolescência e juventude — e, nessas etapas, o relacionamento com a família, a escola, o grupo de amigos, a participação social e o trabalho. Sem uma organização temporal rígida, eles seriam os responsáveis pela seleção do que dizer, pela organização desses momentos e pela escolha de como narrar.

Essas narrativas[1] não são o centro deste capítulo, mas constituem-se em um dos vértices da triangulação dos dados, com as interações e as entrevistas individuais. Para conceituar narrativa, considero os pressupostos de Bruner (1995), para quem o sujeito, ao narrar, coloca em ação sua memória e, por meio dela, evoca e seleciona alguns eventos de suas vidas.

A narração pode ser compreendida como uma produção que abarca relatos distintos e complementares. Ela toma a forma de uma enumeração

[1] No desenho do projeto de pesquisa, a narrativa já fora pautada como um dos instrumentos de geração de dados.

de fatos, como uma cronologia, na qual se listam acontecimentos marcantes de um período de vida transcorrido, tais como a entrada na escola, no mundo do trabalho, entre outros momentos significativos. Aos eventos, ou a alguns deles, são atribuídos significados, construindo crônicas nas quais são detalhadas as experiências. Por exemplo, à entrada na escola, como ocorrido com os jovens participantes desta pesquisa, pode-se atribuir a experiência do racismo, entre outros aspectos de nossa sociedade. São os elementos presentes nas crônicas que se enredam em histórias mais densas:

> O processo de "organização de uma autobiografia" é um hábil ato de se transferir uma amostragem de memórias episódicas para uma densa matriz de memória semântica organizada e culturalmente esquematizada (Bruner, 1995: 147).

Ao trazer para seus relatos a interpretação de eventos significativos em suas vidas, esses sujeitos tornaram visíveis os fios dos discursos com os quais tecem suas identidades, mesmo que de modo instável e episódico, e revelaram as práticas de letramentos que realizaram em diversos momentos de suas vidas.

NARRATIVAS DE SI: PERCURSOS DE LETRAMENTOS

Dimenor

"Biografando a poesia" Dimenor — A biografia desconhecida

Como posso fazer uma biografia se não tive infância? Na mente apenas várias lembranças que me voltam com todo vapor a minha mente quando me deito.

Lembro daquele muleke ainda pivete que ao invés de soltar pipa, saía em disparada como se fosse uma rajada, atrás de latas e garrafas.

Voltava feliz com moedas e sangue escorrendo pelo nariz dizendo a todos infelizes! Garanti o pão de meus 2 irmãos pequenos!! Foram 7 anos assim, escola, latinhas, pés furados por pregos e vidros mas feliz, pois o leite não faltava aos irmãos.

Lá se foi o muleke de Itaquaquecetuba, nascido no final dos anos 70, em Suzano.

Compreensão, raciocínio ou ilusão, aos 8 anos de idade Ipiranga, São Paulo minha nova cidade, preconceito aumentando descendente de angola conhecendo sua história na verdadeira escola, "a vida".

Preconceito e discriminação se tornavam meu pior inimigo, abrigo escondido, burguesia que olhava aqui pro preto querendo que eu fosse sempre um falido, um fudido da vida e a mídia capitalista tentava aprisionar minha mente, mas de repente me vejo olhando pra uma luz no final do túnel, melhor dizendo dentro do túnel, São Bento, metrô ***Hip-hop***, ***status*** uma época sem Ibope apenas ***shock*** dos ***look***, urubus brancos de roupas pretas, acertando a lenha na verdadeira cultura de origem negra.

Que pena!!
Talvez não!! Com isso após 15 anos posso dizer que realmente achei o que procurava.
Aos 25 anos posso levantar as mãos aos céus, agradecer aos orixás e aos meus ancestrais por deixar eu viver até hoje para conseguir achar o que sempre procurei mas não sabia o que era!!!

"Minha autobiografia"
Uma pequena conquista, mas um grande passo para poder provar que o negro tem valor, resgatar a autoestima e notar que não é só de sofrimento que vive o povo negro.
Mas também de amor, alegria, reivindicação e sei que somos a maioria da população.

Dimenor saindo fora
Procurando a resposta
Essa sim é minha lógica
Não importa, quanto tempo leve
Isso não me entristece
E sim me deixa alegre
Pois sei que o que falo e o que penso
Afro favelado
Um orgulho de ser
De um povo negro!!
Axé!!!

LGE

(...)

Aos 5 anos comecei a minha vida escolar em Itaquera, era uma criança que não dava trabalho na escola, apesar dos problemas caseiros e rotineiros que havia, como por exemplo o alcoolismo do meu pai; minha mãe guerreira não aguentou mais o meu pai que sempre chegava bêbado em casa, nos mudamos para casa da minha vó, que ficava em um bairro de classe média em São Paulo, foi difícil minha adaptação com os "colegas" de escola, um bando de mauricinho metido a besta eu era do tipo de garoto que ñ levava desaforo para casa, não chegava a mi isolar mas também não me abria muito. Na escola tinha três amigos de verdade meu irmão, meu primo e o nosso vizinho. Na escola eu tinha "conhecidos". Ficava triste porque minha mãe trabalhava eu ficava o dia inteiro sem ela e também sentia falta do meu pai que ia nos visitar apenas no final de semana.

(...)

Se passou algum tempo e conseguimos conquistar nossas coisas. Comecei a trabalhar cedo, mal via minha família porque minha mãe trabalhava muito. Chegou minha adolescência continuei trabalhando e estudando, porém foi uma fase muito conturbada apesar de estar sempre presente em casa comecei a sair para as baladas, fiz de tudo coisas boas e coisas ruins, continuava briguento mas nunca levei para dentro de casa porque apesar de tudo eu era carinhoso com minha família.

Foi nos meus quinze anos ou dezesseis anos que eu conheci o rap; no começo só queria saber de mulher, bebida e drogas passou um certo tempo passei a compreender a parte racial do *rap* que reivindicava melhores condições ao povo e reivindicava os direitos do cidadão principalmente da população afrodescendente. Comecei a escrever compor que não parava mais me identifiquei com um mano que se chamava C.D.P, era meu amigo me incentivou a ler livros no começo eu não gostava mas conforme o tempo fui pegando gosto pela leitura, que antigamente eu lia ñ era por gosto e sim obrigação.(/..../[2])

[2] /.../ indica que um trecho foi retirado pela pesquisadora. No trecho em questão, ele relata que perde o emprego; o pai morre; casa e separa-se; envolve-se com bebidas e drogas; fica doente; busca recuperação.

Durante minha recuperação fui me envolvendo com ONGs e entidades, comecei a dar aulas de rima e sobre autoestima do povo negro.

/.../

Retomei minha vida com mais gana ainda cantando meu *rap* e ajudando os mais necessitados em termos de educação e cidadania.

Atualmente estou correndo pela juventude participo de movimento juvenil sempre com o *rap* e a minha mãe que sempre esteve do meu lado seja em momentos bons ou ruins.

SONEGA

Durante meus 30 anos, sofri, curti me decepcionei e aproveitei muito, minha vida sempre interligada com essa cidade onde sempre vivi, como morador em várias localidades da Zona Sul desta cidade.

Minha infância foi boa, apesar de discriminado por não ter condições financeiras como de alguns otários, tinha vários aliados, uma praça, a rua, 2 pedras em cada lado do campo improvisado e aí sim vários jogos daí, foram assim realizados. /.../

Cresci assim com vários aliados ao meu lado, hoje infelizmente muitos se desviaram, conclusão, vários presos outros finados. /.../

Bom, no que se refere à minha vida escolar era terrível dei muita dor de cabeça pra minha mãe, coitada.

Várias suspensões, advertências e até uma matrícula compulsória tudo pela revolta que sentia na escola por ser discriminado por otários, não ligava por não ter as melhores roupas, pois sabia que minha família fazia o possível, na verdade nunca liguei para roupas, mas ao ser discriminado, ver meus manos serem discriminados por sua cor e roupas, nós os discriminados nos juntávamos e apavorávamos os metidos da escola, tinham roupas boas e dinheiro, mas atitude e personalidade, não se veste nem se compra. Se tem de graça e às vezes se conquista pelo sofrimento.

É, minha passagem pela escola não foi tão ruim assim, até a 6ª série nunca repeti nenhum ano até que na 6ª série se trombamos vários renegados na sexta C do Zerbini V. Arapuá classe essa que depois de tanta treta e suspensão e a minha transferência com matrícula compulsória para outra escola. /.../

Daí por diante fui convidado a me retirar da escola que eu entrei repeti algumas vezes em outras escolas, voltei depois de 10 anos em supletivo, onde passei, parei, passei, parei até que em junho de 2004 me formei no ensino médio com supletivo.

Assim passei minha adolescência, conturbada na escola, na rua tirava o barato. Era visado, geral ((revista pela polícia)) com aliados ao lado foram várias, tinha dia que levávamos 4, os gambé ((policiais)) contavam nossos passos, só melhorou quando a denúncia de Diadema virou fato na favela Naval, daí em diante diminuiu muito a quantidade de geral. ((no trecho retirado Soneca escreve que saiu de casa, morou em pensões, e passou por muitas privações))

Conheci a morte de perto nessa época dezenas de vezes, em várias baladas, drogas, cachaça, mulher, noitada, onde a fome e necessidade caminhava lado a lado com os aliados e o caminho errado....

Bom, atualmente eu tenho um grupo de *rap* que se chama "Lado Obscuro" (parte esquecida), onde denuncio a discriminação o que ela leva, o ser humano a fazer, e a situação. Pelo que vivi me sinto na obrigação de ajudar meus irmãos e aos que eu não conheço mas sei que estão nessa situação.

Com a Posse Senzala Urbana e agora com o grupo formado pela "Analu", guerreira que está conosco, desenvolvo eventos e projetos que servem para divulgar e desenvolver atividades com o *hip-hop* nas comunidades carentes. Há 7 anos nessa correria não penso em parar, não sei se algum dinheiro com o *rap* ou a militância vou ganhar mas a minha recompensa é: "Recuperar!"

DÉBORA

Roda de conversa[3]

Comecei a sair com 11 anos de idade, mas com meus primos, então sabe, sempre tinha alguém cuidando de mim. E nessa época toda, tanto quando eu saía fui muito briguenta e essas brigas geraram assim situações muito difíceis /.../ assim por isso que eu falo que eu nunca levei desaforo pra casa, de ninguém, de ninguém. Na escola também isso se repetia. Eu fui chamada de chefe de gangue na minha escola porque eu achava um absurdo às vezes o professor dizer alguma coisa. E eu ia partia pra discussão com professor. As pessoas às vezes querem se crescer /.../ mas esquecem que a gente também tem um conhecimento de fora. Meu pai estudou bastante e até ele trancou a faculdade, mas ele pode me ensinar bastante coisa em termos de direitos e tal. E o professor, tudo bem, a gente deve o respeito, mas eles também tem que ter o respeito com você e acham que você é leiga em certas coisas e não é bem assim.

/.../ assim eu sempre fui assim reagindo /.../ se eu acho que não é daquele jeito então eu vou mostrar como é... eu acho que eu tenho o mínimo de direito de expor a minha opinião e lutar. Se aquilo for certo eu paro pra ouvir, mas... Do jeito que eu fui muito agressiva eu fui muito amiga das pessoas, sempre quem precisou de mim, me procurou.

Foi depois de um tempo que eu entrei em projeto social e isso tudo foi mudando bastante, até a minha visão crítica. Talvez eu não seja muito carismática. Mas aí devido aos projetos eu fui conhecer muita coisa, que eu nunca aprendi escola. /.../

Depois conhecendo a música no projeto, foi uma coisa que eu apaixonei assim... eu descobri que essa questão de *hip-hop* eu já curtia há muito tempo, só não sabia nome /.../ me deram bases muito legais assim e comecei a mexer com produção assim, nada que tenha uma evidência. E até na Semana de Cultura daqui eu conheci muita gente interessante, muito legal, você vê que aparentemente são pessoas superbrutas /.../ que são uns caras muito carentes assim, uns caras que são muito legais mesmo.

[3] Débora fez narração oral de sua biografia ao grupo. Não utilizei convenções de transcrição para facilitar a leitura.

O que foi muito comum assim, não sei, todo mundo falando, é que de alguma forma eu comecei a me aceitar muito. Também teve essa questão de raça assim, eu via meu pai lutando muito, ele assiste filme até hoje escreve cartas pra..., sei lá, pra jornais e tal. Ele tem uma raiva muito grande, às vezes eu paro pra entender e desde pequena eu já comecei a entender e comecei a viver como diferente também /.../ E entrar num projeto as meninas... /.../ a maioria é negro, então sabe quando você se sente em casa assim, por pior que o projeto seja, você se sente bem. Aí foi quando eu comecei a tá rodeada de pessoas negras de uma classe igual a minha assim, sabe, tipo tá com pessoas que eu me sinta bem e ir em festas organizada do nada, ah vamos fazer um churrasco, é aniversário do /.../ que a gente foi assim e conhecer pessoas, sabe, foi muito legal isso. /.../ o *hip-hop* /.../ foi há bastante anos atrás, uns três anos atrás e foi por meio disso a parte de aceitação de si própria... sabe, se ver e lutar, aí você vai passar a compreender, se aceitar e lutar pelo diferente e mostrar pras pessoas também que isso é legal.

NATHAS[4]

Entrevista individual

/.../ o que eu sempre tinha em casa pra ler era revistas, minha mãe trazia da onde ela trabalhava lá no centro de apoio da Arno. Lá tinha coquetel, esses negócios, minha mãe trazia as revistas e a gente ficava folheando. Escola os livros de sempre mais focado mesmo em várias cartilhas, o livro escolar, em matéria, tal.

/.../ O que eu gostava de ver também desde cedo era bula de remédio, porque eu tomava conta da minha irmã, né, meus pais trabalhavam fora, aí qualquer coisinha eu já lia os remédios já pra tá ciente do que era, aí eu gostava de ler, ainda gosto, sempre quando eu pego algum remédio eu vou ver primeiro a bula.

Minha mãe sempre batalhou, minha mãe sempre batalhou pra caramba. Por mais que tinha meu pai lá morando com a gente, mas quem sempre cuidou

[4] O texto da narrativa de Nathas é parte de uma entrevista individual.

de mim e da minha irmã foi minha mãe, assim se eu sou uma pessoa... sei lá, mais conscientizada mais ajuizada, é pela minha mãe.

Com cerca de 2 anos eu fui pra pré-escola, prezinho que a gente chamava. E eu fiquei até os 6 anos, quase 7, saí do prezinho e fui direto pra escola. Aí até a 5ª série assim foi normal fui pra escola normal como todo mundo. Depois da 5ª série aí eu cabulava pra jogar bola, jogar fliperama. Na 5ª série, bombei. Aí sexta e 8ª série bombei com esse negócio de faltar e também porque a distância era muito longe /.../

Pra fazer o colegial, 1ª série eu frequentei duas semanas, era um pouco longe, falei não, não vou mais. Fiquei um ano parado, aí eu arrumei uma vaga perto da onde eu morava. aí terminei. Direto, sem bombar. Já tava no *hip-hop*.

Eu comecei no *hip-hop* no final do ginásio, na 7ª e 8ª série /.../ Mas comecei fazendo festa de música eletrônica, tinha um DJ que o irmão do DJ a gente era inseparável na escola, mano. Quando eu fui estudar lá, tal, eu pensava que era escola de *boy* né, na Paulista assim, vixi, só tem uns *boyzinhos* nessa escola, na Paulista aí, tal, aí eu cheguei lá era totalmente diferente, era um com o tênis tal, roupa tal, eu cheguei lá os moleques pá, meio malandro assim e outro falou não que não sei o que, é Bela Vista, tem uma gangue de lá. Eu falei, ih caramba, vixi, eu lembro que eu cheguei lá com um tênis lá, tênis de marca, acho que minha mãe tinha me dado, sei lá, eu tinha ganhado, no dia que eu cheguei lá eu fiquei no cantinho assim do pátio assim, escondendo o tênis assim pro pessoal não pegar o tênis de mim, aí ele que me deu um toque, não, que não sei, tal. /.../

aí foi que o irmão dele era DJ, tinha lá os equipamentos lá na casa dele as *pick-ups*, mas tocava música eletrônica lá, *dance*, na época *house*, aqueles negócios. Aí na época a gente saía, ia em bar, fazia festinha na escola. Aí eu fui me envolver com o *hip-hop* depois, na outra escola que eu estudei, a do bairro. Acho que no finalzinho da sétima que eu comecei me envolver com isso daí. Na oitava eu encontrei um parceiro, que tinha saído da FEBEM, que gostava de negócio de *rap*, vixi, pra quê? Aí juntou os dois, vamos supor, eu a fome, ele a vontade de comer, juntou os dois, pronto, aí que eu me envolvi com esse negócio de *hip-hop* mesmo.

Em diversos momentos das narrativas, vislumbramos que as "lições" aprendidas na escola não se referem a conteúdos e disciplinas, mas principalmente a relações vividas no ambiente escolar. Questões como relacionamento com colegas:

> Foi difícil minha adaptação com os "colegas" de escola, um bando de mauricinho metido a besta. Na escola eu tinha "conhecidos".
>
> Várias suspensões, advertências e até uma matrícula compulsória tudo pela revolta que sentia na escola por ser discriminado por otários, não ligava por não ter as melhores roupas.

Com professores, diretores:

> Daí por diante fui convidado a me retirar da escola que eu entrei repeti algumas vezes em outras escolas, voltei depois de 10 anos em supletivo, onde passei, parei, passei, parei até que em junho de 2004 me formei no ensino médio com supletivo.
>
> Eu fui chamada de chefe de gangue na minha escola porque eu achava um absurdo às vezes o professor dizer alguma coisa. E eu ia partia pra discussão com professor /.../ E o professor, tudo bem, a gente deve o respeito, mas eles também tem que ter o respeito com você e acham que você é leiga em certas coisas e não é bem assim.

Ou ainda questões como acesso físico ao transporte, à locomoção; mudança de escola para bairros distantes:

> Na 5ª série, bombei. Aí 6ª e 8ª série bombei com esse negócio de faltar e também porque a distância era muito longe /.../ Pra fazer o colegial, 1ª série eu frequentei duas semanas, era um pouco longe, falei não, não vou mais.

Esses relatos ilustram como muito do que marca a vida desses jovens na escola é frequentemente o que deixamos de lado quando pensamos em currículo: a sociabilidade, a interação entre pares e suas identidades sociais. É interessante destacar que o espaço para as relações interpessoais na instituição escolar, com os professores e administradores, teve mais relevo do que questões disciplinares ou "conteudísticas". A valorização do espaço de pertença explica a importância da escola para esses jovens, bem como para o movimento *hip-hop* em São Paulo. O que é questionado não é a "escola", mas o que valorizar nessa educação, as formas de nos relacionar dentro dela, os usos possíveis das aprendizagens. A escola é como um espaço em que circulam letramentos múltiplos e heterogêneos, tanto quanto a multiplicidade de culturas, encarnada nas histórias de vida dos diferentes sujeitos que ela recebe (Rojo, 2009; Bunzen, 2009; Vóvio, 2007; Kleiman, 2006a).

Muitas das práticas letradas valorizadas pelos ativistas se deram em ambientes não escolarizados, sem que isso significasse aversão à educação escolar ou ao valor que ela pode ter.

A inserção no universo *hip-hop* aparece como momento fundamental para os ativistas, assumindo um sentido quase messiânico ao apresentar um propósito para suas vidas: geralmente o de "resgatá-los" de uma vida de violências, sem sonhos e objetivos, ou fortalecer sua autoestima. É instigante constatar o poder transformador atribuído ao movimento: ele ganha uma importância tal nas narrativas que adquire valor semelhante ao da esfera familiar. Destaca-se também o papel da família, em especial das mães, que os incentivam a reagir e a construir outras possibilidades para si mesmos, menos destrutivas, mais positivadas.

Os excertos seguintes mostram como cada um entrelaça em suas histórias as memórias de vivências na família, na escola e no movimento *hip-hop*.

DIMENOR: QUESTÃO RACIAL - *HIP-HOP* E FAMÍLIA

> Garanti o pão de meus 2 irmãos pequenos!! Foram 7 anos assim, escola, latinhas, pés furados por pregos e vidros mas feliz, pois o leite não faltava aos irmãos. /.../ Preconceito e discriminação se tornavam meu pior inimigo, abrigo escondido, burguesia que olhava aqui pro preto querendo que eu fosse sempre um falido, um fudido na vida /.../ mas de repente me vejo olhando pra uma luz no final do túnel, melhor dizendo dentro do túnel, São Bento, metrô *Hip-hop*, status, uma época sem Ibope apenas *shock* dos *look*, urubus brancos de roupas pretas, acertando a lenha na verdadeira cultura de ori-

gem negra. /.../ Com isso após 15 anos posso dizer que realmente achei o que procurava.

LGE (LEANDRO): USO DA LINGUAGEM, *HIP-HOP* E FAMÍLIA

Foi nos meus quinze anos ou dezesseis anos que eu conheci o *rap*; /.../ passou um certo tempo passei a compreender a parte racial do *rap* que reivindicava melhores condições ao povo /.../ Comecei a escrever, compor que não parava mais, me identifiquei com um mano que se chamava C. D. P., era meu amigo, me incentivou a ler livros, no começo eu não gostava, mas conforme o tempo fui pegando gosto pela leitura, que antigamente eu lia ñ era por gosto e sim obrigação. /..../ Atualmente estou correndo pela juventude participo de movimento juvenil sempre com o *rap* e a minha mãe que sempre esteve do meu lado seja em momentos bons ou ruins.

SONECA: VIDA ESCOLAR, FAMÍLIA, *HIP-HOP* E COMPROMISSO COMO EDUCADOR

Bom, no que se refere à minha vida escolar era terrível dei muita dor de cabeça pra minha mãe, coitada. /.../ não ligava por não ter as melhores roupas, pois sabia que minha família fazia o possível. /.../ Bom, atualmente eu tenho um grupo de *Rap* que se chama "Lado Obscuro" (parte esquecida), onde denuncio a discriminação o que ela leva, o ser humano a fazer, e a situação. Pelo que vivi me sinto na obrigação de ajudar meus irmãos e aos que eu não conheço mas sei que estão nessa situação.

NATHAS: LEITURA, DESCOBERTA DO *HIP-HOP* NA ESCOLA E FAMÍLIA

O que eu sempre tinha em casa pra ler era revistas, minha mãe trazia da onde ela trabalhava /.../ O que eu gostava de ver também desde cedo era bula de remédio, porque eu tomava conta da minha irmã. /.../ Minha mãe sempre batalhou, minha mãe sempre batalhou pra caramba. Por mais que tinha meu pai lá morando com a gente, mas quem sempre cuidou de mim e da minha irmã foi minha mãe /.../ Eu comecei no *hip-hop* no final do ginásio, na 7ª e 8ª série /.../ Mas comecei fazendo festa de música eletrônica, tinha um DJ que o irmão do DJ a gente era inseparável na escola, mano. /.../ Aí eu fui me envolver com o *hip-hop* depois, na outra escola que eu estudei, a do bairro. Acho que no finalzinho da 7ª que eu comecei me envolver com isso daí. Na 8ª eu encontrei um parceiro, que tinha saído da FEBEM, que gostava de negócio de *rap*. Vixe, pra quê? Aí juntou os dois, vamos supor, eu a fome, ele a vontade de comer, juntou os dois, pronto, aí que eu me envolvi com esse negócio de *hip-hop* mesmo.

Débora: identidade, *hip-hop* e família

Meu pai estudou bastante e até ele trancou a faculdade, mas ele pode me ensinar bastante coisa em termos de direitos e tal. /.../ Foi depois de um tempo que eu entrei em projeto social e isso tudo foi mudando bastante, até a minha visão crítica. /.../ Mas aí devido aos projetos eu fui conhecer muita coisa, que eu nunca aprendi escola. /.../ eu descobri que essa questão de *hip-hop* eu já curtia há muito tempo, só não sabia nome /.../ me deram bases muito legais assim e comecei a mexer com produção /.../ O que foi muito comum assim, não sei, todo mundo falando, é que de alguma forma eu comecei a me aceitar muito. Também teve essa questão de raça assim, eu via meu pai lutando muito, ele assiste filme até hoje escreve cartas /.../ Ele tem uma raiva muito grande /.../ o *hip-hop* /— .../ foi há bastante anos atrás, uns três anos atrás e foi por meio disso a parte de aceitação de si própria... sabe, se ver e lutar, aí você vai passar a compreender, se aceitar e lutar pelo diferente e mostrar pras pessoas também que isso é legal.

Nas narrativas de meus jovens coautores, encontramos o enfrentamento das adversidades e o compromisso político que eles assumem como decorrência do engajamento no movimento *hip-hop*. Não se trata do único elemento importante em suas vidas, mas de um engajamento significativo que fez emergir questões como a coletividade sustentando as formas de reexistir e o contato com diversas práticas de leitura. Isso possibilitou que as redes criadas se transformassem em fios que, de maneira heterogênea, foram sendo entrelaçados, para dar sentido às suas escolhas e para demarcar identificações e diferenciações com determinados grupos, constituindo suas identidades sociais.

Essas narrativas, juntamente com a análise da primeira *roda de conversa,* ajudaram-me a identificar a função dual da leitura na vida desses jovens: função relacionada a suas experiências na esfera escolar e outras mais afeitas a suas vivências do cotidiano, e em espaços menos institucionalizados, criados para se apropriarem de certas práticas de uso da escrita, como o dos coletivos de *hip-hop* e o da rua, por exemplo. O que chamo de funções escolarizadas e funções de vida não são categorias estanques que não dialogam. Pelo contrário: a trajetória escolar, embora muitas vezes desprovida de prazer e descontinuada, tem importância reconhecida em suas trajetórias, assim como as experiências em outros espaços educacionais como a família, a rua, e os grupos dos quais participam.

Falta mostrar como essa relação, esse entremeio, esse terceiro espaço (Babha, 1996), aquilo de que me aproximo e de que me distancio ao mesmo tempo pontuarão os materiais que eles produzem.

CONSTRUINDO SENTIDOS PARA ACERVOS DE LEITURAS

Considerando meu objetivo de identificar, nos discursos dos ativistas, as práticas de letramentos e os valores atribuídos às experiências praticadas no universo *hip-hop*, apresento alguns excertos da primeira *roda de conversa*, ocorrida em agosto de 2004, logo após o encontro em que foram preenchidos os questionários. Eles oferecem importantes elementos para a compreensão dos movimentos e das circunstâncias que dão sentido aos enunciados dos jovens.

Na roda de conversa, após a saudação inicial e enquanto nos acomodávamos em torno de uma mesa[5], Nathas respondeu à minha abertura do evento (Matencio, 2001) de forma provocativa e risonha:

---

[5] Na primeira *roda de conversa* estávamos Nathas, Soneca, Débora, Dimenor, LGe e eu. O encontro teve a duração de cerca de duas horas no período noturno.

01 Analu: Olá, pessoal, vamos lá?
02 Nathas: Quem não fez a lição de casa? ((risos))

O enunciado de Nathas evoca um evento de letramento típico do universo escolar, no qual o gerenciamento da interlocução é geralmente conduzido pela professora ou professor, cujo papel na interação autoriza o controle e a cobrança de ações dos alunos. Nathas assume nesse momento o papel daquele que pode cobrar de todos os colegas uma ação combinada anteriormente, a de trazer os materiais de leitura, o que ele denomina de lição. Por meio desse movimento, ele altera o quadro das relações de poder, gerando a assimetria típica que sustenta as relações professor-aluno no universo escolar e que também sustentará toda a situação de pesquisa nas *rodas de conversa*. Por meio da palavra que age ideologicamente, ele busca conferir, em especial a mim, a pesquisadora "de fora", outro lugar que não o de gerenciadora da interação.

Se, por um lado, ele age discursivamente e cria outro ritual marcado pela subversão, toma posição e posiciona os demais participantes como um grupo que pode ser cobrado, como aprendizes subalternizados, por outro, ele dialoga e responde ao evento clássico de entrevista acadêmica que envolve um jogo marcado pela assimetria entre aqueles que pesquisam e produzem conhecimento e aqueles que, muitas vezes, são objeto dessa ação.

Esse é apenas o início da *roda de conversa*, resultado de um razoável período de negociação em que os ativistas foram enfáticos quanto a tornar os encontros parte de um processo que possibilitasse constituir outras posições em relação aos papéis tipicamente ocupados por pesquisador e pesquisados.

A fala inicial de Nathas funcionou no processo de geração de dados como a ponta de um fio enunciativo que, ao longo dos encontros seguintes, em meio a "operações de caças furtivas" (De Certeau, 1994), foi ardilosamente entrelaçado na elaboração de um tecido resistente e revelador de práticas socioculturais e de posicionamentos singulares de uso da linguagem.

Em resposta ao enunciado de Nathas, fortalecido pelos risos dos participantes, tomo a palavra:

03 Analu: Não, vamos lá, então a ideia assim (.) não necessariamente quem trouxe ou quem não trouxe, mas fala:::r sobre o o que gosta de le:::r, (.) sobre o que::: moti:::va, enfim, vai::

Minha réplica buscou instituir uma relação de cumplicidade, de coletividade, para, posteriormente, atenuar a cobrança da fala de Nathas: *não necessariamente quem trouxe ou quem não trouxe* e, finalmente, ao explicitar uma ação a ser realizada pelos participantes: *mas fala:::r sobre o o que gosta de le:::r, (.) sobre o que::: moti:::va, enfim, vai//* para, em seguida, assumir, retomar o papel de quem conduz a *roda de conversa* e, consequentemente, a pesquisa.

Na sequência, em resposta, alguns integrantes do grupo começam a dispor sobre a mesa diversos materiais compreendidos por eles como seus acervos de leitura. O ato pode ser avaliado como expressivas réplicas (Bakhtin/Volóshinov, 1995 [1929]), tanto em relação à fala de Nathas como à minha. A fotografia a seguir, vinculada ao contexto de geração de dados, ilustra a forma categórica como eles responderam à provocação:

Figura 6: Acervo de leitura. © Analu

Considerando que os estudos sobre práticas situadas de letramentos atribuem importância também aos textos e artefatos culturais que fazem parte da vida cotidiana, cabe breve análise da fotografia em sua função de testemunha da realidade (Hamilton, 2000: 16-33), por estampar traços visuais dos acervos do grupo. Trata-se de um acervo diversificado, que inclui jornais, revistas, livros e gêneros discursivos geralmente legitimados por pessoas com algum nível de engajamento social, que buscam informações sobre questões sociais, políticas e econômicas, em torno de raça, de direitos e atualidade.

Na situação concreta da interação na roda de conversa, os materiais dispostos na mesa funcionaram como mote para expressar o lugar e o papel da linguagem escrita em suas vidas.

O trecho a seguir marca a retomada da interação, quando LGe toma a palavra e conta sobre o que gosta de ler.

04	LGe:	Ah, eu sou bem eclético
05	Analu:	Vá lá, então...
06	LGe:	Eu acho que eu /.../ eu gosto de ler de tudo um pouco, desde os roma:::nces até quadri:::nhos (.) eu (.) prefiro ler do que ver televisão, eu acho que a informação tá mais na leitura, (.) então (.) o que eu trouxe, um pouco de literatu:::ra, (.) um pouco de jorna:::l// (apontando para alguns materiais dispostos sobre a mesa).

LGe sustenta a construção de sua imagem de leitor eclético, que lê o que gosta. Em uma escala argumentativa marcada pelos operadores *desde* e *até*, ele explicita que seu acervo contém leituras tidas como de maior prestígio social, tais como romances e jornais, bem como leituras pouco valorizadas pelo cânon escolar, que, em geral, avalia essas leituras de modo depreciativo, como menores. Exemplo disso são as histórias em quadrinhos. Ao posicionar-se como eclético por ler de tudo um pouco, mostra-se autônomo em relação às hierarquizações que marcam o valor atribuído a certas leituras. Em seguida, ao invés de continuar a descrever o que lê, escolhe dizer que prefere ler a ver televisão, creditando à leitura importância maior na busca de informação, que declara ser seu foco nas leituras. Também se posiciona favoravelmente aos discursos correntes que denunciam o declínio do hábito da leitura e indicam como principal causa disso a audiência crescente de certos programas de televisão. O empreendimento para obter informações é o que faz dele um leitor eclético, ou seja, ele lê várias coisas com o objetivo de se informar.

A preferência do *rapper* por materiais que o nutram com informações perfila-se a um dos princípios do movimento cultural *hip-hop*, ancorado na valorização da informação, vista como matéria-prima para trabalhar as crônicas cotidianas. A função informativa da leitura é chave para descobrir parte da história não contada, para adentrar espaços de apropriação de saberes negados ou cerceados, para organizar conhecimentos e colocar no mundo a palavra, escrita ou não, de forma pensada, consequente e cuidadosa.

LGe foi um dos que mais trouxe materiais de leitura, motivando provocações do grupo: "ele só não trouxe mais porque a mala estava lavando", ao que ele responde:

> 14 LGe: Pior é que tá mesmo, (.) não, então eu tenho que pegar um pouquinho de cada coisa, ler uma Carta Capita:::l/ ver o que tá::: (.) acontecendo, até mesmo assim neguinho fala assim, (.) Contigo mano, vai ler Contigo? tem que ler Contigo mesmo, tem que ver as informações, a::: Playboy igual falam traz bastante informação, eu nunca comprei uma Playboy pra ler uma informação, muito menos pra ver mulher pelada/.

No seu enunciado, o *rapper* mostra aos demais que "fez a lição de casa", citando nomes de revistas e descrevendo o valor e a importância das publicações para ele. Inicialmente, valoriza a revista *Carta Capital*, dirigida a um público leitor adulto, de classe média, que cobre questões de economia, política e cultura e é legitimada como "boa leitura".

O enunciado também expressa a apreciação valorativa da revista *Contigo,* dedicada à cobertura de notícias sobre atores e apresentadores de programas televisivos, o mundo das celebridades, das novelas e da música, classificada como revista feminina. O enunciador, ao trazer vozes do próprio *hip-hop* na sua fala com impostação de voz e contornos entonacionais próprios de discurso citado — *Mas você, mano, um* rapper*, um homem, vai ler* Contigo*?* —, já busca responder a uma palavra ideológica do enunciador que reprovaria esse tipo de leitura como sendo fútil, banal, passatempo, pouco informativa, talvez.

Por fim, coloca um norte em relação à expansão do grupo de "leituras informativas válidas" ao declarar não comprar ou ler a Playboy que, segundo ele é boa para outros, mas não para si: Playboy *igual falam traz bastante informação, eu nunca comprei uma* Playboy *pra ler uma informação, muito menos pra ver mulher pelada.* Apesar de marcar uma posição de que é dono do seu saber, é interessante observar como suas escolhas se encontram próximas de gêneros discursivos já consagrados e não necessariamente contestadores. Seu discurso parece filiar-se ao que é socialmente legitimado para categorizar o que é interessante ler ou não.

O enunciador escolhe a palavra *informação* para, cuidadosamente, mostrar que seu ecletismo é motivado pela necessidade de autoformação e pelo engajamento que responde a um dever: *eu tenho de pegar um pouquinho de cada coisa*, mostrando que a busca de informação é algo valioso, requer avaliação e que ele é capaz de atribuir pesos diferentes a distintos materiais de leitura.

Continuando a *roda de conversa*, convido Nathas a prosseguir:

20 Analu: Bacana, (.) e você, Jonata?

21 Nathas: Bom, eu também, (.) eu gosto de ler de tudo um pouco, de tudo um pouco, o que tiver assim ao meu alcance pra ler eu leio, mas (.) quando a preguiça também não deixa, né? ((risos)) (.) às vezes a gente tem preguiça de ler, pegar um livro, no:::ssa. (.) e ler aquilo, depois (.) eu não tenho tempo pra le:::r, aí vou ler sabe qua:::ndo (.) aí já perdi já o raciocínio do começo, aí tem que volta:::r, entendeu? agora mais /.../ porque sempre que eu tiver alcance assim (.) que for curto assim (.) eu tô lendo, se for curto assim, se for longo, um livro grosso, por exemplo (.) que eu tenho que ler e aí (.) falta tempo (.) aí eu paro de ler, a:::h parei aqui, daqui a pouco eu leio, (.) aí passa tempo, tempo

A expressão *eu também*, no enunciado de Nathas, revozeia aspectos do enunciado de LGe, criando uma aliança com o companheiro. E ao expressar *eu gosto de ler de tudo um pouco, de tudo um pouco*, faz coro ao colega que o antecedeu. Seria ele também o leitor eclético, se considerarmos que lê de tudo um pouco, lê o que estiver a seu alcance, acrescido de singularidades presentes nas declarações de um pouco da preguiça que não deixa ler, da falta de tempo e da dificuldade de concentração.

Ao eleger falar do livro como objeto de leitura, por um lado parece buscar dialogar com a voz social que atribui ao livro o *status* de objeto valorizado, legítimo. Por outro, também instaura tensão e questionamento ao elencar a preguiça e a falta de tempo como aspectos importantes para a leitura: *às vezes, a gente tem preguiça de ler, pegar um livro, no:::ssa. (.) e ler aquilo*. Nota-se no enunciado um movimento de distanciamento da leitura quando imputa à preguiça sua dificuldade. Ao usar o pronome *a gente — às vezes a gente tem preguiça de ler —*, ele incorpora outras pessoas a essa condição de "leitor preguiçoso", opinião semelhante à de outros jovens que alegam não ler por preguiça. Entretanto, é preciso pontuar que a falta de tempo parece ser muito mais preponderante do que a falta de gosto. As condições desfavoráveis de vida e a luta pela sobrevivência muitas vezes não propiciam mergulhos na leitura. A preguiça aqui também pode ser entendida como "cansaço" por conta da batalha diária.

O excerto seguinte apresenta outra forma de se relacionar com a leitura. A falta de tempo para ler ainda é mencionada e justifica a seletividade. Na fala de Soneca, as funções sociais da leitura ressaltadas são as de informar e emocionar.

24 Analu: Olha aí (.) essa é a sua leitura?
25 Soneca: é. essa é (.) essa é a minha leitura, porque eu não paro (.) eu não paro muito pra ler entendeu? (.) aí:::, (.) eu li poucos livros, né, uns dos que eu li, eu tava falando pra você, é *Papillon*, né? (.) eu me apaixonei pela história porque era u:::m (.) cara que ele— ele tava tentando /.../ ganhava a vida dele do jeito dele, né? roubava banco tal, entendeu? aí não conseguiram pegar ele de um jeito, mataram um mendigo e::: colocaram a culpa nele, né? aí::: foi um sofrimento a ida dele, ele (.) tentando fugir cadeia. eu me apaixonei pela história do livro, entendeu? eu acho— eu acho, ele fugiu ele foi traído, voltou pra cadeia, (.) aí acreditou numa freira (.) no meio— no meio da história do livro ele acredita numa

> freira (.) entendeu? (.) num padre, aí eles falam que vão acolher ele, vão lá e traem ele de novo. No filme mostra bem o que é o ser humano

O enunciado de Soneca: *é. essa é (.) essa é a minha leitura* mostra a orientação solidária com os enunciados de LGe e de Nathas. Na sequência, ele descreve e qualifica seu modo de ler: *porque eu não paro (.) eu não paro muito pra ler, entendeu?* Ao falar de uma leitura "feita em movimento", ou seja, em meio a outros tantos afazeres cotidianos, mostra que, para ele, as práticas sociais letradas estão em meio às atividades de que toma parte.

Ganham valor as leituras fugazes, realizadas em função das necessidades advindas de diferentes situações em contextos sociais mais amplos. A leitura, que permite agir em diversas e complexas situações, revela-se como uma atividade imiscuída em práticas cotidianas, algo central no universo *hip-hop:* não se trata de ler por ler, mas de ler por que e para quê. Essa leitura imiscuída no fazer diário se contrapõe a uma leitura que exige tempo, silêncio, espaço próprio, um parar para ler, que tem a ver com a concentração e a posse de um espaço determinado e silencioso.

Se os ativistas, para se relacionarem com a leitura, tivessem que depender de lugares socialmente autorizados, talvez essa relação não existisse. Eles inventam formas de ler em espaços móveis, instáveis, que dependem da ação dos sujeitos para serem instaurados. Não se trata da fundação de um lugar, que se associa a uma ordem, ao inerte, "e dele fazer um túmulo" (De Certeau, 1994: 201). O que esses sujeitos instauram é o espaço de práticas letradas heterogêneo, barulhento, móvel, que "não tem, portanto, nem a univocidade nem a estabilidade de um 'próprio'" (*ibidem:* 202). Como agentes fazedores e inventores de "espaços praticados", é na rua, espaço privilegiado de suas práticas e sociabilidade, que os sujeitos subvertem uma relação estática com a leitura, mostrando que "o cotidiano se inventa com mil maneiras de caça não autorizada" (*ibidem:* 201-207).

Ao desenvolver o tema *o livro que eu gostei de ler*, Soneca o faz de maneira singular, ao atribuir significado a uma leitura que teve efeito e valor para si. A escolha da palavra *apaixonar-se* para descrever sua relação com a história — *eu li poucos livros, né? uns dos que eu li, eu tava falando pra você, é* Papillon, *né? (.) eu me apaixonei pela história* — indica a relação de afeto dele com *Papillon* e faz com que o auditório entenda por que ele escolheu falar desse e não de outro objeto. Na sua fala, a valoração e a apreciação do material lido revelam os sentidos em torno de sua leitura, quando rememora a trajetória cheia de agruras do personagem e o apresenta como uma pessoa resistente, capaz de fazer alianças, mesmo sendo enganado, traído. Papillon, em meio a tantas situações desfavoráveis, ainda que injustiçado, é batalhador.

A leitura feita pelo ativista tem ressonâncias na sua experiência de apropriação das contradições pertinentes às relações humanas e às questões sociais que atingem mais fortemente os que estão às margens. Não há como deixar de fazer uma ponte com sua trajetória e com a luta diária na guerra invisível, porém, tangível, por sobrevivência e autoafirmação. Como falar sobre a vida sem conhecer a vida? A fala de Soneca humaniza o livro, que deixa de ser apenas um objeto, uma coisa, e ganha vida no contexto comunicativo.

Influenciar pessoas parece ser a intenção de Soneca quando, mais de uma vez durante sua fala, indaga se o auditório entendera o sentido do que ele falava. O êxito pode ser vislumbrado nos enunciados dos participantes do grupo, na continuidade da interação:

39 LGe: Eu acho que você se identificou com o livro (.) com a realidade que você vive, (.) ou eu tô enganado?
40 Dimenor: Ah, eu também, eu acho que tem alguma inspiração também.
41 Soneca: É::: (.) mais ou menos, né, Mano?
42 O que você viu, ou sei lá, alguma coisa tem semelhança//
43 Analu: Quantos anos você tinha quando você se deparou com esse (.) *Papillon* aí?
44 Soneca: Bom, eu tinha 19 anos, né? (.) há onze anos atrás, só ((risos))
45 Analu: Ó (.) o cara falando ó:::, ((risos)) (.) muito tempo, é isso?
46 Soneca: faz tempo//
47 Analu: a:::h, nem tanto.

Aqui se muda o acento valorativo da palavra *leitura*, à qual é atribuída outra função, não mais utilitária, apenas para informar. Trata-se de uma função próxima do afetivo, pois envolve a identificação com o herói do romance. É uma leitura pelo prazer de ler, mais enriquecida: lição de vida. Na situação de roda, enunciador e enunciatários concordam com o sentido atribuído ao enredo do livro e passam a valorar a leitura levando em conta a existência de um encontro da história com o sujeito, que com ela se identifica.

Na sua fala, Soneca mostra as bases afetivas que sustentam sua relação com o livro, estabelece laços e abre possibilidades para dialogar de outro lugar com os "manos" e "minas" e com a academia, agora não apenas como um leitor analítico e engajado, mas também como um leitor que se apropria do texto como um apoio para pensar a vida. Saber buscar fontes para entender o ser humano em suas determinações sociais, culturais, políticas e econômicas é fundamental para quem, como *rapper*, age ao cantar coisas do cotidiano. O enunciado explicita o caráter tridimensional do discurso ao se perceber que nele

> o falante, o tópico e o ouvinte aparecem como fatores constitutivos do discurso, essenciais a sua existência. (...) O ouvinte é definido como aquele que o falante leva em conta, aquele para quem o discurso é orientado, que intrinsecamente determina a estrutura do discurso (Barros e Fiorin, 1994: 21).

Se no início da roda a intenção estava em saber "quem fez ou não a lição de casa", durante o andamento da conversa, o interesse recai sobre os livros trazidos e as razões das escolhas, como mostra a pergunta de LGe dirigida, indiretamente, a Débora.

543 LGe: É. por que que ela trouxe *Negras raízes?* (.) eu quero saber.

544 Débora: É um livro que eu tô começando a ler, tipo::: (.) desse livro assim eu já li::: /.../ tem outros livros que eu não trouxe, tem um do Ferréz chamado *Manual prático do ódio*, é isso. é::: o outro lado da história, que foi uma história de í:::ndios, contando como que foi tipo todo

> lado deles, o que eles sofreram assim, (.) contando (.) a parte da colonização dos portugueses. esse é um livro que eu tô no come:::ço ainda, (.) aí eu paro, eu leio assim, eu não leio só livro porque eu não acredito em livro, porque de qualquer forma foi um autor. eu não sei quem é esse autor, ele foi traduzido (.) porque ele é um (.) é da história dos Estados Unidos, tal, começou tudo lá, ele (.) eu sei que dá a volta no mundo assim pra descobrir a história do negro, (.) mas foi alguém que escreveu (.) uma pessoa, por mais que ela pesquise, tem a ideia dela e eu não acredito muito em livro (.) por isso assim, eu leio, eu gosto de ler, (.) mas /.../ aí::: eu ouço pessoas, às vezes eu vou. já fui em terreiro, já:::: fiz pesquisa com quem to:::ca há muito tempo e aí eu vou (.) tipo aqui fala muito dos *griots* assim, (.) é uma coisa que eu queria achar. *griots* são (.) historiadores, eles chegavam nas aldeias assim e contavam as histórias, pra quem não sabe (..) que eu não sabia, aliás eu chamava de *griot*, mas tudo bem, e::: (.) foi na aula até que teve aqui da Semana de Cultura do *hip-hop* que eu aprendi com o Da::n-Da:::n isso assim, sabe, (.) a gente conversando. hoje eu vou lá na Casa de Cultura que ele tá dando aula e tal, eu falei. meu, eu quero assistir aula de vocês.

No contexto da narrativa de Débora, muda-se novamente o acento apreciativo do objeto do discurso: relativiza-se o valor da cultura escrita ao se questionar a veracidade e a legitimidade de qualquer autor, uma vez que ele se situa em um contexto específico, com interesses próprios. Débora afirma que desconfia do autor, pesquisa para saber mais, verifica se o que está lendo é fidedigno e avalia se o material pode fazer parte de seu repertório seletivo. Na sequência, há um embate com a visão canônica de leitura, que diz que o escrito tem valor de verdade: *eu não leio só livro porque eu não acredito em livro, porque de qualquer forma foi um autor, eu não sei quem é esse autor.* Na posição de resistência em relação à supremacia do livro, ela destrona as letras e afirma que também é fonte de informação válida e legítima o que não está escrito: *por isso assim, eu leio, eu gosto de ler, (.) mas /.../ aí::: eu ouço pessoas, às vezes eu vou, já fui em terreiro, já:::: fiz pesquisa com quem to:::ca há muito tempo.*

Débora desconstrói em seu discurso o objeto de discurso que está sendo conformado na *roda de conversa*: a valoração da leitura como fonte única, universal, de saberes. Além disso, ao colocar "sob suspeita" o autor, com um discurso que desconcerta o estabelecido, cria fissuras na visão de autoridade geralmente atribuída a ele. Ela questiona o poder atribuído à escrita para legitimar uns e excluir outros, inclusive os participantes da roda, devido a seus pertencimentos identitários.

Se existe um dono da escrita, esse dono é o leitor. É ele quem detém a força e faz da escritura algo que também pode ser seu, que se afina com sua vida. Débora reivindica sua autoridade como leitora para legitimar ou não um livro, utilizando-se de outras fontes do saber, como a oralidade, por exemplo. Ao discorrer sobre suas preferências, sentidos e crenças, traz à cena as africanidades, as ancestralidades por meio dos ogãs dos terreiros de candomblé, os homens iniciados que tocam tambores para os orixás, e os *griots*. Ela "lê de ouvido" (Chartier, 1991; Moysés, 1995). Para ela, a leitura passa por essa escuta, pela movimentação e pela interação verbal. Usa a fala, a oralidade, para pesquisar, conversar, estabelecer redes de saberes com a finalidade de elaborar discursos e identidades. Na fala de Débora, interessa uma leitura que a coloque em movimento, que represente de alguma forma seu cotidiano de mulher, negra, jovem e ativista. Legítimas para ela são as "escritas" feitas por pessoas "encarnadas", com as quais ela pode conversar, trocar e trazer esse conhecimento impregnado das formas ancestrais de aprender (Souza et al., 2005). Aqui, a leitura assume uma função que pode ser entendida como desafiadora da ordem social que se pretende estabelecida.

Na *roda*, a perspectiva da apropriação e ressignificação de conhecimentos está posta o tempo todo, fazendo das interações também um espaço de aprendizado e constituição de identidades. A palavra de Débora ressoou e foi revozeada pelos outros integrantes, de certa forma provocando um estranhamento em relação ao que os ativistas homens vinham enunciando até então, positivando a escrita. Chamou a atenção o fato de que essa escrita não dá voz ao povo da cultura popular negra, uma vez que exclui a oralidade e os representantes diaspóricos negros, importantes para a formação política e racial dos ativistas. O fragmento abaixo explicita essa tensão e a tentativa de retomada da palavra pelos integrantes masculinos, a fim de continuar na projeção que vinha sendo deles até então.

596 Dimenor: Não, porque quando ela falou assim, eu não acredito em livros (.) eu falei assim que era legal ela falando, (.) porque eu também não acredito muito em livros (.) eu leio (.) mas não acredito, e ele falando assim que o povo não tem a referência (.) busca a referência. daí quando se fala, aqui no Brasil você fala, *eu quero saber quem foi meu antepassado da África* (.) *de que parte da África meu antepassado veio. (.) será que ele veio pra cá, será que ele foi pros Estados Unidos* (2.0) *e de lá veio aqui*? então é /.../ começar a funcionar assim, negros (.) nível Brasil, (.) o::u vamos buscar a história do Brasil, tá ligado? todo mundo fala de Zumbi dos Palmares, ninguém fala quem foi Anastácia (..) a Dandara, (..) Dona ehh (.) Clementina de Jesus//

597 LGe: João Cândido//

598 Dimenor: Então ninguém sa:::be, mano. tem vários aí, Luís Gama, ninguém sabe quem foi, só sabe quem foi Zumbi, porque Zumbi en /.../ entrou na língua da juventude de hoje e virou moda. (.) Che Guevara virou moda //

599 LGe: Pelé//

600 Dimenor: Tá ligado, todo mundo, (.) todo mundo virou moda//

601 LGe: O revolucionário do Brasil//

602 Analu: E aí você tava falando de você:: /.../ que— que:: se a gente quiser falar de histó::ria e tal, não necessariamente (..) tá nos livros//

603 Dimenor: Isso//

604 LGe: Não, lógico, porque o livro não foi feito pra você concordar com ele e sim pra você ter autocrítica mano, (.) foi feito pra você pôr lá/ pra você discutir/ tá ligado? pra você chegar num senso mano//

Dimenor faz sua a voz de Débora, caracterizando um dialogismo tanto no que diz respeito à interação mais imediata com o outro como também no fato de que dialoga com o posicionamento discursivo de Débora em relação à escrita e à leitura. No enunciado *porque eu também não acredito muito em livros (.) eu leio (.) mas não acredito*, o que pode parecer a princípio um rechaço da importância da leitura e escrita ilustra o uso de filtro sócio-histórico que age sobre esse objeto leitura, de acordo com interesses, intencionalidades, expectativas etc.

O conhecimento que faz sentido diz respeito a um conjunto de informações que, para Dimenor e os outros integrantes, é validado como palavra negra, conhecimento ancestral que recupera uma história de resistências negada pela versão oficial. É esse conhecimento que empodera, pois liga a coletividade a uma historicidade comum da cultura diaspórica negra. Dimenor fala da necessidade de tomar posse das referências que lhe foram negadas: *eu quero saber quem foi meu antepassado da África /.../ vamos buscar a história do Brasil, tá ligado? todo mundo fala de Zumbi dos Palmares, ninguém fala quem foi Anastácia (..) a Dandara, (..) Dona ehh (.) Clementina de Jesus.* Aqui é a fala do educador que está preocupado em recontar essa história de forma que os negros apareçam como sujeitos de seu próprio dizer e de sua história, atribuindo novos significados às experiências de ser negro. Ele cita personagens históricos que, de uma forma ou de outra, são importantes para delinear como se dão as táticas que os povos negros utilizaram para que, apesar do silenciamento, suas histórias continuassem a reverberar nas identidades sempre em movimento (Hall, 2003) e em luta com múltiplas vozes sociais inscritas nos discursos dos interlocutores.

Na *roda de conversa*, percebe-se que os acervos que ganham centralidade são aqueles que podem ajudá-los a responder também a si mesmos, como *rappers*: qual é o lugar da oralidade? O que vale a pena ser lido? Como as leituras circulam? No trecho a seguir, um dos questionamentos refere-se à busca de reconhecimento de si nos livros lidos.

39 Soneca: Eu tinha 19 anos (.) e::: (.) além de eu gostar— de eu gostar (.) muito do livro, eu li ele várias vezes porque (.) eu me encontrava discriminado// no livro (.) no livro o

cara é bem discriminado, então eu me apoiava no livro, né? na época, eu ((incompreensível)) tudo.

40 Nathas: E quando, quando você sentia assim (.) vontade de ler assim?

41 Soneca: Na realidade, mano, eu nunca tive vontade de ler (.) essa é a verdade (.) entendeu? (.) a vontade de::: de ler eu adquiri através da cultura mesmo, ((referindo-se a sua inserção na cultura do movimento *hip-hop*)) de se informar sobre o que acontece:::ndo (.) zine, cê tá ligado? e::: como desabafo assim eu ia lendo/ eu falava do (.) é::: /.../ como que eu vou dizer, mano? (.) esse livro é o seguinte, né, mano? o (.) o cara tá preso, o cara tá preso e querendo fugir, eu quero dizer que a própria pessoa mesmo ela tando solta ela tá presa politicamente (.) ela tá querendo fugir também das coisas que acontecem por aí, então ela se sente presa também.

Ao expressar que *a vontade de::: de ler eu adquiri através da cultura mesmo*, e ao referir-se à busca de informações e à leitura de fanzines, o enunciador traz para a *roda* um aspecto constituinte dos discursos da cultura *hip-hop*: o incentivo à leitura. O *hip-hop* se configura, assim, como agência de letramentos que possibilita aos sujeitos descobrirem suportes escritos, além de legitimar usos nem sempre reconhecidos, porque não autorizados, na sociedade altamente hierarquizada em que vivemos. Nesses fragmentos, está problematizada a fala corrente de que "o jovem não lê", principalmente se for morador de regiões periféricas. Soneca, ao falar de uma prática de leitura em decorrência de um momento vivido, de uma condição de vida — discriminado como a personagem —, age na perspectiva interacional, unindo, na identificação com a personagem, as marcas de *Papillon* às suas de leitor, com isso sustentando seu horizonte apreciativo em relação à leitura que o ajudou a entender-se também como uma pessoa oprimida, batalhadora e em busca de "liberdade".

Fica clara aqui a função da leitura na constituição da identidade social, que também ocorre na interação da segunda *roda de conversa*: com quais vozes sociais os enunciados dialogam? Quais rejeitam? Quais são legitimadas? Quais são os efeitos que essas aproximações produzem na interação? A interação com a voz do outro é o que propicia a construção de nossos posicionamentos, de nossas identidades e de nossas vozes sociais.

> Na relação criadora com a língua, não existem palavras sem voz, palavras de ninguém. Em cada palavra há vozes às vezes infinitamente distantes, anônimas, quase impessoais (...) quase imperceptíveis, e vozes próximas, que soam concomitantemente (Bakhtin, 2003: 330).

É importante salientar que, nesse processo, o sujeito não é destituído de sua voz e, com isso, de sua identidade, mas que só podemos nos constituir se a alteridade estiver presente. A alteridade é constitutiva de nossa identidade, e por isso nossas vozes estão impregnadas pelo outro, pelo dizer do outro, pela palavra do outro em uma relação de aproximação, distanciamento, tensão e conflito. Nesse sentido, é importante notar nos fragmentos analisados que os ativistas não se posicionam contra o conhecimento escolarizado ou contra a escola ou as leituras que circulam nela, mas questionam o fato de que parece existir apenas "a" leitura autorizada que nem sempre contempla os traços de memória e história daqueles "das margens".

CONSTITUIÇÃO DE AGENTES DE LETRAMENTOS – EM PROCESSO

Podemos apreender, nos discursos dos *rappers* participantes da pesquisa, como eles se constituem em agentes de letramentos, instituindo a cultura *hip-hop* como uma agência emergente de letramentos. Para investigar a constituição identitária que estaria em curso ao longo do processo da pesquisa, examinarei materiais e eventos de letramentos que fazem parte do cotidiano dos ativistas entrevistados. Tanto os materiais como os eventos revelam facetas da relação dos ativistas com a leitura, a escrita, a oralidade, o papel e as novas tecnologias, e permitem salientar que linguagem e prática social não estão dissociadas no *hip-hop*. Concentrarei minhas análises no fanzine e no *rap*, que já são práticas nas quais os sujeitos da pesquisa se envolviam. Posteriormente, analisarei também a capa de um CD produzido por ocasião da formação do grupo *Hip-hop Educando*, conforme exposto no capítulo metodológico.

FANZINE — GÊNEROS DE SOCIALIZAÇÃO DO SABER

O fanzine, bem como o *rap*, serve para exemplificar e materializar aspectos dos eventos em que os jovens se constituem como agentes de letramentos. Em dado momento da conversa, quando LGe retira de sua bolsa alguns exemplares de um fanzine, ele empodera, com seu gesto, a produção escrita específica do *hip-hop* e fortalece um dos membros do grupo, Dimenor, que lhe agradece pelo destaque e, com isso, assume a responsabilidade pela criação.

25 LGe: Fanzine eu leio muito também, ((LGe tira alguns exemplares de fanzine que estavam em sua bolsa, continua segurando e mostra para as pessoas presentes na roda))
26 Nathas: Fanzine é::: o que mais se lê em casa,
27 Soneca: Fanzine eu tenho um monte lá em casa (.) também, (.) bom, eu (.) gosto de le:::r (.) fanzine como ele tá falando aqui e na realidade///
28 Dimenor: Brigado
29 Soneca: E::: na época//
30 Analu: Por que você falou obrigado pra ele?
31 Dimenor: Não, porque eu faço fanzine já há quatro anos,
32 Analu: A:::h tá. ((risos))
33 Soneca: O fanzine dele é bom, faz a propaganda aí,
34 Analu: E você trouxe um zine pra gente ver?
35 Soneca: Aqui tem um monte ó (.) aqui// ((apontando também para o material que trazia no meio de sua agenda em meio a outros papéis))
36 Dimenor: Pior é que eu não trouxe.

O acento apreciativo desse objeto do discurso, percebido na fala de LGe — *fanzine eu leio muito também* —, na casa de Nathas — *fanzine é::: o que mais se lê em casa* — e na de Soneca — *fanzine, eu tenho um monte lá em casa* —, ao qual atribuem valor pela frequência de leitura e pela sua presença no acervo doméstico. Credita-se a esse material o *status* de leitura compartilhada e legitimada, espelhando o modo de ler do universo *hip-hop*. Forma-se por parte dos *rappers* uma aliança discursiva em torno da valorização do material, relevante para a constituição do grupo, enquanto membros do movimento na nova dimensão que estava adquirindo: a de espaço de formação de agentes de letramentos que atuam coletivamente.

O destaque da dimensão coletiva do fazer, além de ser uma das marcas da cultura *hip-hop*, é também um traço importante de um agente social que constantemente busca ampliar as capacidades de mobilizar os sistemas de conhecimentos, não apenas em seu favor, mas a favor do coletivo. Para além do estilo artístico, firmam-se em um grupo de ação social com posicionamento político em favor da educação.

Aqui emerge a questão da autoria, pois o fanzine é criado por "um autor", mas ao mesmo tempo surge também o caráter coletivo que essa autoria apresenta. Não é rara a participação de outros ativistas no processo de montagem, não apenas sugerindo, mas intervindo na confecção do fanzine. Dessa forma, pode-se afirmar que Dimenor, assim como outros ativistas, assume uma posição mais próxima à de um editor do que propriamente de um autor no que se refere à elaboração de um fanzine.

Conforme o *Dicionário Houaiss da língua portuguesa* (2001), *fanzine* significa revista escrita por e para fãs. Esta palavra tem origem na língua inglesa, combinando *fan* — "fã" — e *magazine* — "revista". Portanto, se ficarmos apenas com esta definição, o fanzine é uma revista para fãs de determinado universo cultural. No entanto, no universo do *hip-hop*, o fanzine, geralmente constituído por uma ou duas folhas de papel sulfite trabalhadas à mão, é um material escrito extremamente valorizado pelos ativistas e extrapola sua aparente simplicidade de confecção e distribuição. Sua elaboração multimodal envolve colagem de textos diversos — matérias de jornais e revistas, letras de música, poemas e propagandas —, montagem e intervenção com ilustrações e gravuras, criação de *slogans* e uso de diferentes tipos e tamanhos de letras, nas cores preta e branca.

Nas palavras de Dimenor, autor/editor de fanzines, esse gênero discursivo tem uma história peculiar de aparecimento na cena social. Vale destacar sua ligação e sua razão de existir dentro de movimentos "marginais".

Dimenor: /.../. Acho que o pessoal achou no *zine* uma forma de educação, uma forma de cultura//uma forma de im-

> prensa alternativa, porque através de *fanzine* você catava, você não precisa comprar as revistas de *rap*, (.) através do *fanzine* você já já (.) já saberia /.../ prum cara de Itaquera ficar sabendo que saiu uma revista de *rap* (.) um fanzineiro ia lá e falava, ó lançamento de revista tal, tal e propagava também as grandes mídias através do *fanzine*,/.../ muitas pessoas que hoje também fazem parte da grande mídia de revistas já teve alguma experiência com *fanzi:::ne*, (.) tem alguns fanzines hoje que são revistas, /.../ hoje não (.) hoje já existe o computador e o *fanzineiro* ficou mais preguiçoso (.) e fazendo *fanzine* pelo computador (.) isso é mais ou menos a história do /.../ um pouquinho da história do *fanzine*.

A fala de Dimenor explicita a importância atribuída ao gênero pelo movimento. O fanzine é referência entre os ativistas do *hip-hop*, e aparece em vários momentos das rodas de conversas, como no trecho a seguir:

> 40 Nathas: E quando, quando você sentia assim (.) vontade de ler assim?
>
> 41 Soneca: Na realidade, mano, eu nunca tive vontade de ler (.) essa é a verdade (.) entendeu? (.)a vontade de::: de ler eu adquiri através da cultura mesmo , ((referindo-se a sua inserção na cultura do movimento *hip-hop*)) de se informar sobre o que aconteсe:::ndo (.) zine, cê tá ligado? e::: como desabafo assim eu ia lendo/

As leituras e os sentidos a elas atribuídos remetem às características de agentes de letramento que, sem ter todas as condições estruturais, tais como acesso a materiais diversos, computadores em casa e outros, "improvisam", batalham para forjar os meios de acesso para si e depois para a comunidade. E mais do que isso, com o foco nas possibilidades de leitura que eles já conhecem e validam — leitura informativa, leitura rápida, com imagens —, são esses os aspectos que se destacam quando os agentes *rappers* pensam a produção, o consumo e a circulação de informações, aspectos fundamentais para a organização de trabalhos por projetos na escola que, como apontam estudos de Kleiman (2006) e Rojo (2009), nem sempre conseguem ser efetivados. O fanzine, por seu formato simples e barato, democratiza e circula conhecimentos, favorecendo aprendizagens mais democráticas e coletivas, rasurando as interdições que envolvem a compra e a circulação de materiais escritos, tais como jornais e livros.

O *RAP* – A ORALIDADE NA POESIA DO COTIDIANO

As práticas dos ativistas mostram os modos de se mover e agir pela linguagem. Com o objetivo de evidenciar a movimentação do acervo de vida que se constitui em prática situada de uso da linguagem, passo a focar a palavra cantada do *hip-hop*.

A mesma linguagem que muitas vezes é valorada de modo a desqualificar os leitores jovens e encerrá-los em uma identidade subalternizada, é transformada em um "canto de resistência que denuncia e descortina as lutas e as desigualdades que se ocultam sob a ordem estabelecida" (De Certeau, 1994: 79), marcando as apresentações nas quais o corpo e a língua se juntam para sustentar práticas de letramentos situadas e marcadas pela resistência e pela subversão. Isso se deve não apenas aos temas abordados, mas também ao estilo e a forma que as produções assumem.

Ao escutar, ver e ler os movimentos da linguagem no *hip-hop*, em especial nas práticas dos MCs que cantam o *rap*, é possível perceber o acento apreciativo anunciado por Bakhtin, que afirma que sem ele não há palavra. No *rap*, a palavra aparece como motor de ação dos sujeitos que, por meio da língua em funcionamento, agem no mundo construindo e constituindo identidades que se formam e transformam continuamente, assim como propõe Hall (2003).

Vale frisar que, no *hip-hop*, a poesia e o ritmo ganham destaque quando, juntos, dão origem ao *rap*. Ainda que o *rap* seja tanto a tessitura rítmica e sonora, sob responsabilidade do DJ, como a letra cantada, vocalizada pelo MC, este último se sobressai por ser o locutor que leva as diferentes vozes presentes nas letras aos diferentes espaços.

O *rap* é um dos gêneros no qual podemos observar a brincadeira com a linguagem que sustenta um dizer que é autônomo, contestador, contra-

-hegemônico e promotor de um conhecimento mobilizador. Mesmo quando um *rap* é lido, a sonoridade está presente de forma tão fundamental que é possível "ouvi-lo". A subversão da escrita por meio da oralização confere ao *rap* uma originalidade e autonomia perante a escrita escolarizada que mostra a inventividade e a agência de sujeitos que querem expressar as peculiaridades da vida marginalizada por meio de uma escrita também "marginal".

Educação é o lema dá título a um *rap* produzido por Nathas, LGe, Soneca e Dimenor, no primeiro semestre de 2005. Eles apresentaram a letra como resultante das reflexões sobre a inserção no processo de geração de dados da tese e também depois da decisão coletiva de fundar o grupo de trabalho *Hip-hop Educando*. Vejamos, a seguir, a letra completa do *rap*, para depois passar à análise, buscando identificar e reconhecer os sentidos da letra nas suas relações com as maneiras de conceber a educação no grupo que se forma com objetivos específicos.

EDUCAÇÃO É O LEMA

PARTE I

De Palestina a Paquistão Haiti ou Alemanha.
Das bombas da Jamaica Bob Marley muita fama.
Mandela, Malcom X, Che Guevara e Zumbi do golpe militar que aplicaram por aqui.
Abro minha mente então ela me engana não tenho o que comer muito menos tenho grana.
Mas preste atenção no que tenho a lhe dizer *hip-hop* educando conhecimento e proceder.

PARTE II

Lado Obscuro chegando com Submundo Racional / quebra de Sigilo a informação real.
Entrando em cena com o tema escola educação,
muito mano se revolta pois falta informação.
Sobre sua cultura que foi ignorada / a história do negro na escola não é contada.
Fora da sala de aula procuram informação / a conclusão se vê na biblioteca invasão.

Atrás de livros pra saber a verdade a escola esconde / a luta de classes o aluno se evade.
Pra rua e vê a compreensão que não se vê na escola /
o aluno do fundão o professor ignora.
Problemático já pensou, que ele deve ter /conhecimento, educação, lazer é indispensável.
O abandonado pela escola pelo crime é recrutado / e o *hip-hop* tenta recuperá-lo, ajudá-lo.
É opção de escolha pros manos discriminados / poderem escapar das armadilhas montadas.
É lógico que o dinheiro é a isca usada / mas com inteligência o povo pobre contra-ataca.
A lei beneficia mais quem conhece ela / por isso a informação é escondida da favela.
E da Periferia que hoje tem arte educação / e palestras pra conscientizar nossos irmãos.

Refrão
Educação, informação é o lema,
Hip-hop Educando entrando em cena.

PARTE III
Faça sua parte o *hip-hop* contra-ataca de novo,
informação, interação, educação do meu povo.
O ABC feito no *spray*, chamando atenção,
a resistência vem de nós, fuga não é solução.
Fusão é o que proponho e vim aqui resgatar,
B.Boy que roda no chão primeiro tem que estudar.
Se inteirar, reagir, adquirir conhecimento,
nem sempre o que é imposto está perdido no tempo.
O exemplo não é só da lousa também observo na rua,
movimento e livro na bolsa, adquira cultura.
Adquira contexto, respeito, adquira pra ser alguém,
prefira ser do seu jeito, prefira do que ser ninguém.
Insira conteúdo na vida, um mundo de poesia,
o ritmo dá a cadência vivência com harmonia.

Seja lá fora ou na escola, a cena e superação,
Educação é a chave contra a discriminação.
Mas não se iluda nas ruas, o mundo é uma selva
pronta pra te engolir se nada a sério "cê" leva.
Pela janela da sala, alguma coisa te atrai,
se atualize, se informe, pois um bom livro distrai.
A cabeça da juventude que pelo ócio se entrega,
Se ao menos tivessem chance, ao invés tem muito mais regra.
Fazemos a nossa parte, é o *Hip-hop Educando*,
A esperança se espalha, coragem alfabetização.
Um MC com um mic passando mais uma ação,
Submundo, Obscuro, Analu revisando lição.

Para efeito de análise, divido o texto em 4 partes: a parte I — da linha 1 à 5; a parte II, da linha 6 à 19; o refrão nas linhas 20 e 21; e a parte III da linha 22 até o final.

Na letra, que apresenta o grupo de trabalho recém-formado — o *Hip-hop Educando* —, há a defesa de que por meio do *rap* e dos sentidos produzidos se educa, se conscientiza, se subverte, se aconselha, se une. A poesia no *rap* tem a função de "causar" um efeito em quem está ouvindo. Inicialmente, chamo a atenção para o refrão da letra nas linhas 20 e 21 — *Educação, informação é o lema, Hip-hop Educando, entrando em cena*, que, juntamente com o título *Educação é o lema*, funciona como o anúncio dos objetivos do grupo, formulados no início da pesquisa, e que ganha corpo no decorrer dela: afirmar a legitimidade da cultura *hip-hop*.

Na parte I, há a valorização de referências educativas importantes para o universo *hip-hop* e que possibilitam aos ativistas inventar formas de adentrar espaços de práticas, de construir e de validar saberes e significados em torno de suas marcas identitárias. Por isso o chamamento, na linha 5: *Mas preste atenção no que tenho a lhe dizer: Hip-hop Educando, conhecimento e proceder*.

Logo no início da parte II, na linha 6, o *rap* anuncia os enunciadores e quais são as intenções e potencialidades dessa fala-ação: *Lado Obscuro chegando com Submundo Racional / quebra de sigilo a informação real.* São dois grupos de *rap* — *"Lado Obscuro chegando com Submundo Racional"* — que estreitam relações durante o processo de pesquisa, compartilhando o que sabem e o que aprendem, criando o grupo *Hip-hop Educando,* um outro espaço de prática.

Os enunciadores, por meio da poesia, fazem ecoar o emaranhado de vozes insatisfeitas com as condições de vida de grande parte do segmento menos favorecido da população que, entre outros direitos, exige educação que atenda às singularidades de todas as pessoas, sem discriminar, sem ignorar, por exemplo, o *aluno do fundão* (linhas 13 e 14), lugar da sala que recebe os menos visibilizados, os renegados.

Para as transformações necessárias na educação, os agentes preconizam que não se trata apenas de dizer o que não se tem, mas também de construir alternativas que funcionem não apenas como *denúncias das desigualdades* (linhas 22 a 47), mas que sejam orientadas para as afirmações e para as resistências individuais e coletivas, tudo por meio da palavra.

O *rap*, ao narrar as experiências escolares cotidianas, destaca a rua como lugar de aprender, pois *falta informação. Sobre sua cultura que foi ignorada / a história do negro na escola não é contada. Fora da sala de aula procuram informação / a conclusão se vê na biblioteca invasão!* (linhas 8 a 12). A letra expressa que os sujeitos, não encontrando sentidos na cultura escolar que os exclui, vão para a rua em busca do que possa trazer significados para suas vidas.

A letra dialoga com os dados sobre letramentos da população negra na atualidade. Mesmo que a escola não a reconheça, a cultura *hip-hop* está na escola e, por vezes, não são os conhecimentos disciplinares dos planejamentos das aulas que ganham valor para os alunos e alunas, mas — como aparece nas biografias dos *rappers* — são os espaços de sociabilidade que podem fazer da escola um espaço praticado em que se possa legitimar, principalmente, o que faz sentido para os envolvidos nessa instituição. Sem isso, como diz a letra do *rap*, a rua passa a ser valorizada como *locus* de informações. A letra desempenha o papel de sábia conselheira, ou ainda, dos *griots* ou *griottes* lembrados por Débora na epígrafe que abre este capítulo, quando credita aos contadores de histórias da vida cotidiana o importante papel de fonte de aprendizagens.

A terceira parte conclama os enunciatários a assumirem sua parte no processo educativo: *Faça sua parte o hip-hop contra-ataca de novo, informação, interação, educação do meu povo* (linhas 21 e 22). O *hip-hop* aparece entre dois lugares, o da escola e o da rua e, assumindo-se como um terceiro lugar, propõe caminhos de contra-ataque: "Fusão é o que proponho". Ou seja, o enfrentamento das adversidades pressupõe compreender que, por um lado, *tem que estudar* (linha 27), ou seja, a educação é direito e dever, e, ainda que não seja o ideal, há que se considerar que *nem sempre o que é imposto está perdido no tempo* (linhas 26 a 28); por outro lado, outras possibilidades para letrar-se estão nas ruas: *movimento e livro na bolsa, adquira cultura* (linhas 29 a 36). A cultura também não é qualquer uma, é a cultura situada e deve promover a construção de identidades favoráveis para que se possa *ser do seu jeito*. Essa é a mensagem de quem — para usar uma expressão do universo dos da periferia — já está *no corre*: *Fazemos a nossa parte, é o Hip-hop Educando. A esperança se espalha, coragem, alfabetização* (linhas 44 e 45).

Ao final do *rap*, legitimando e reconhecendo o trabalho do grupo de *rappers* e também o meu, no processo de pesquisa ético e marcado pelo compromisso social, declaram: *Um MC com um mic passando mais uma ação, Submundo, Obscuro, Analu revisando lição!*

A expressão "revisando lição" valoriza o espaço da pesquisa como um lugar de aprendizagem, com atividades próprias da escola, que assim, também, é indiretamente valorizada. Dessa forma, sintetizam os sentidos coletivamente produzidos, quando nas interações compartilhamos, debatemos e ressignificamos conhecimentos e identidades sociais.

OS DISCURSOS NAS IMAGENS

O *hip-hop* é um fenômeno multimodal, por usar diferentes linguagens, o que nos remete à concepção de que na sociedade contemporânea as práticas de letramentos estão para muito além da escrita, envolvendo também imagens e signos visuais (Dionisio, 2010). Tendo isso em vista, nesta seção, o foco recai sobre os usos da linguagem multimodal pelo grupo de *rappers* que, mais uma vez, configuram-se como agentes de letramentos, pelo fato de marcarem suas ações sociais pela inovação e pela busca de novos recursos capazes de veicular suas ideias e ideologias.

Analisaremos a capa do CD produzido pelos jovens no segundo semestre de 2005, quando não mais nos encontrávamos com frequência semelhante ao período de agosto a dezembro de 2004. A ideia de produção do CD foi de LGe e de Dimenor, ambos integrantes do grupo Submundo Racional. Após um planejamento mínimo, Soneca foi envolvido na proposta: por *e-mail* convidaram outras pessoas e grupos para enviar suas músicas, recebidas também por via eletrônica. Para a montagem do CD, por não dominarem a técnica por completo ou por não terem os equipamentos, contaram com a solidariedade de um amigo que tem estúdio. Com um original na mão, cotizaram-se para comprar mídias — os CDs — e contaram com a ilha de edição de uma ONG para a reprodução do material. De maneira geral, a realização de qualquer trabalho no *hip-hop* necessita da configuração de um círculo de pessoas de diferentes áreas. Essa é uma das marcas do movimento cultural *hip-hop* e também dos jovens participantes da pesquisa.

A reflexão de Motta-Roth (2005) auxilia no acompanhamento do processo de produção do CD e sua capa:

> O modo como nos apropriamos do universo e das informações que nos cercam e os incorporamos a nosso repertório cognitivo, representando, descrevendo, avaliando por meio da linguagem, é função da nossa própria condição humana. Entretanto, esse processo de apropriação é moldado pela interação dialógica com o mundo (Motta-Roth, 2005: 181).

Prova disso é que a temática da capa do CD é discutida no grupo, baseada na ideia de Dimenor — lembrando de um amigo que está na cadeia. Com a ideia esboçada em uma folha de papel, eles pedem a um artista que finalize o desenho. Até que a arte que se torne uma capa digitalizada leva um bom tempo. Ao mesmo tempo, o CD é prensado, e são os jovens que se encarregam do lançamento em eventos, da venda mediante um preço quase simbólico. O CD funciona como cartão de visita: "Esse é o CD do Grupo *Hip-hop Educando*", dizem eles. E que diz a capa do CD?

Considerando a imagem como um discurso, analisaremos a capa do CD produzido pelo grupo, com vistas a estabelecer relações entre a linguagem verbal e a não verbal do texto.

Figura 7: Capa do CD Projeto *Hip-hop Educando*. Arte de Bylla sobre ideia de Dimenor.

No conjunto da capa, os elementos não verbais e verbais exercem uma função problematizadora pelo emprego de signos que socialmente representam dois caminhos — escola e cadeia —, antagônicos e complementares na constituição dos sentidos.

Ainda que carregado de diversos elementos, o jovem aparece como figura central, com destaque para a posição inclinada de seu corpo e para o movimento de sua cabeça, que parecem guiar seu olhar de fruição, de dúvida. Quando o jovem olha para a esquerda, há um demônio que leva à tentação e à perdição e, ao olhar para baixo, estão as referências ao fascínio, à riqueza ilícita (talvez por isso escondida em um saco), ao luxo, aos prazeres, como o da bebida, e à arma, associada ao crime e à cadeia, mas também ao poder. À direita do corpo do jovem há um anjo — de pele negra, subversivamente representado de modo contrário ao das imagens brancas tradicionais — associado ao bem, à salvação, à proteção e à escola. O livro em tamanho grande na frente do prédio escolar legitima a leitura e a esfera escolar como lugar para ler e aprender.

A análise pode ser adensada quando se destacam alguns aspectos da composição visual em relação a cores, formas, movimento e posições, todos eles elementos relevantes para apreender o discurso da composição visual da capa do CD. Lembremos que o desenho é claramente tão maniqueísta: ou uma coisa ou outra. É um desenho para pessoas que também devem decidir. Para ajudar na decisão, há as letras maiúsculas, as cores fortes e contrastantes também nas figuras do "bem" e do "mal".

A figura do demônio, caricata e jocosa, apresenta uma estrutura irregular que sugere instabilidade, intranquilidade. Não há ponto de equilíbrio, e a posição da mão sugere movimentos que indicam exasperação. Agitado, parece estar falando, numa tentativa de persuadir o rapaz a seguir para seu lado. Já a figura do anjo está estruturada na base triangular, mantendo-se em postura de elevação e alegria. Ele apenas observa e aguarda, sereno, a decisão do rapaz.

A relação que se estabelece entre as duas figuras, que fazem parte do imaginário coletivo que encerra valores cristãos e simbólicos de moral, sustenta um discurso em que a disputa está presente. Uma depende da outra para ganhar notoriedade e força para influenciar a tomada de decisões. O jogo tenso instaurado pelas duas figuras também se materializa na escolha das duas cores do fundo, cinza e azul, que, chapadas lado a lado, suscitam tanto a ideia da existência de espaços separados, adversos, como da existência de espaços interligados. A linha divisória criada pela proximidade das duas massas de cores, cinza e azul, é responsável pela duplicidade de sentidos, uma vez que tanto pode ser lida com um fio demarcador que separa os lados e assim explicita o antagonismo entre o "céu" e o "inferno", como pode também ser lida como um fio tênue, quase invisível, entre o bem e o mal, o que mostra os dilemas que muitos jovens enfrentam na hora de escolher caminhos, tomar decisões em suas vidas.

O corpo do rapaz posiciona-se entre o anjo e o demônio que, culturalmente, mobilizam a afetividade, e a estrutura das composições reforça as interligações entre cadeia e escola. O corpo mostra-se meio à direita, meio à esquerda, estruturado ao longo de uma linha inclinada, instável. A expressão facial do jovem, com o dedo logo abaixo da boca, sugere dúvida e desconfiança; ele está pensativo e em processo de escolha do caminho a seguir. Sua posição, com o corpo de frente para a figura da direita, a escola, mas com as costas voltadas para a esquerda, para o crime, no meio dos dois, sugere a análise da dúvida: a vantagem de permanecer perto do mundo do crime ou de se voltar para o lado da escola. Apesar de se voltar para o lado da escola e "do bem", o mundo do crime e "do mal" o instiga. Ainda assim, está incluído nos dois lugares pela linha que metaforicamente pode ser considerada como "o fio da navalha", que apresenta ao rapaz os dois lados e o deixa a meio caminho, sempre no exercício de batalhar pela escolha, uma das possibilidades do movimento cultural *hip-hop.*

Os elementos visuais são apoiados pelo texto verbal, logo abaixo das imagens da cadeia e da escola. As imagens conjugadas com o título *Hip-hop Educando*, apresentado em letras sólidas e grandes, de cor forte, ocupando os lados esquerdo e direito da página, com suas figuras e palavras antagônicas (demônio e anjo, cadeia e escola), sugere que o *hip-hop* é um movimento cultural que poetiza o cotidiano sem poder se descolar da realidade, do lugar de onde enuncia. Na capa do CD, o conjunto dos elementos verbais e não verbais configura uma forma de fazer um sermão, um aconselhamento e um convite a participar do movimento cultural *hip-hop* na perspectiva que já apareceu na letra do *rap Educação é o lema.*

Em suas práticas sociais, ainda que não faça apologia ao crime nem tampouco defenda apenas a educação escolar, o movimento *hip-hop* considera a existência e a força dos dois caminhos, acolhe e negocia de um outro lugar, o da educação inscrita nos propósitos do coletivo. Informado por vozes polifônicas, o *hip-hop* se posiciona num terceiro lugar que não desune os dois lados e costura um terceiro, sem desconhecer as batalhas da complexidade do terceiro espaço: as táticas de reexistência, aproximação, negociação, diálogo tenso entre o estabelecido e a recriação astuta das táticas que reinventam e buscam fundar estratégias de reexistência no terceiro espaço. Nem centro, nem periferia, nem escola, nem cadeia numa jornada cotidiana investida de duplo valor: cultural e político.

É nessa arena de disputa que os jovens *rappers* se posicionam e, ao fazê-lo, trazem o saber da rua e o saber a ser conseguido na escola, mostrando a concepção de educação deles na cultura *hip-hop*, que trabalha em meio à realidade, ao cotidiano em que vivem, valorizando as práticas sociais das suas experiências como *rappers* e como agentes de letramentos de reexistência:

> Mil maneiras de jogar, desfazer o jogo do outro, ou seja, o espaço instituído por outros, caracterizam a atividade sutil, tenaz, resistente, de grupos que, por não ter um próprio, devem desembaraçar-se em uma rede de forças e de representações estabelecidas. Tem que 'fazer com'. Nesses estratagemas de combatentes existe uma arte de golpes, dos lances, um prazer em alterar as regras do espaço opressor (De Certeau, 1994: 79).

O capítulo seguinte permitirá uma vez mais afirmar esses sujeitos como agentes de letramentos, que conseguem taticamente "jogar o jogo" dentro e fora de seu grupo de pertencimento. É aí que eles se constituem como sujeitos com trajetórias marcantes e distintas em busca de afirmação, empoderamento e legitimidade.

5 BATALHAS POR ESPAÇOS DE PRÁTICAS E DE SENTIDOS

assim (+) porque a pessoa que tá começando no *rap* hoje ela não tem muita noção/ pensa que é só chegar (+) por lá um cedezinho de base e cantar em cima (+) e não é bem assim que funciona/ (+) tem/ tem toda uma té::::cnica (+) tá canta:::ndo/ tá rima:::ndo e /.../ a gente procura tá dando esse auxílio nas oficinas e também (+) pros grupos de *rap* que tá procurando/

(LGe)

Pensemos agora na configuração formal do diálogo, nos modos de argumentar que permitem identificar a construção identitária dos ativistas quando em interação em diferentes situações comunicativas. Interessa a batalha que se dá pelo uso da linguagem, nas rimas desafiadoras dos MCs, nas interações com estudantes de pedagogia, na inventividade, rapidez e agilidade que compõem a imagem do *ser rapper.* Ganha-se nas ideias, nas competições, nas disputas, por "estar na cena", "aparecer bem na fita", "causar", ou seja, produzir determinado efeito que os aproxime da imagem de vencedores, de guerreiros.

Analisaremos excertos de três momentos nos quais identifico que o uso da palavra como batalha se instaura com mais visibilidade:

(i) batalha entre os "manos";
(ii) batalha entre educadores;
(iii) batalha de ideias entre agentes de letramentos.

Em nenhum momento, eles deixam de ser manos, educadores ou agentes; inexiste cisão ou separação estanque entre esses momentos. Antes, organizados dessa maneira, permitem ilustrar de que forma, a depender da ocasião, eles taticamente "batalham" por suas identidades.

No cerne do vocábulo "batalha", encontra-se a ideia de empreender esforços para vencer adversidades, resolver problemas, criar saídas. A noção de batalha cria um campo semântico no qual figuram as acepções de colisão, conflito, peleja, contenda, duelo, encontro, ataque, vitória, derrota, morte e vida. As imagens que podem ser construídas a partir daí permitem a associação do conceito às táticas militares e remetem a cenas em que os oponentes belicosamente se enfrentam em disputa por algo ou algum bem, material ou simbólico.

A metáfora da batalha, para descrever os modos de interagir, de tomar a palavra, de fazer os *enquadres*, construir imagens de si[1] e colocá-las em relação com as de outros, se mostra produtiva para analisar os meios pelos quais os *rappers* buscam construir suas identidades e sustentá-las em diferentes contextos.

---

[1] Trata-se da noção de *ethos* da retórica antiga, hoje retomada pelas teorias de enunciação e a análise do discurso (Charaudeau, Maingueneau, 2004).

As ressonâncias dessa metáfora no uso social da linguagem dos ativistas *rappers* podem ser mais bem ouvidas através do conceito de metáfora conceitual que, segundo Lakoff e Johnson (2002), diz respeito às maneiras pelas quais, culturalmente, lançamos mão de expressões linguísticas de modo a "compreender e experienciar uma coisa em termos de outra" (pp. 47-48). Para pensar o universo *hip-hop* interessa, em especial, a aproximação com o conceito metafórico *discussão é guerra*, que remete aos sentidos de que discutir envolve a necessidade de atacar posições, defender-se, vencer, ganhar. Longe de serem apenas conjuntos de palavras, "as metáforas são parte dos processos de pensamento das pessoas" (Lakoff e Johnson, 2002: 49).

Na perspectiva de que discutir envolve sempre a luta, a guerra, a batalha para planejar, arquitetar maneiras de usar as palavras para enfrentar o outro, a definição de táticas feita por De Certeau (1994) também é pertinente para a discussão:

> /.../ um cálculo que não pode contar com um próprio, nem, portanto, com uma fronteira que distingue o outro como totalidade visível. A tática só tem por lugar o do outro. Ela aí se insinua, fragmentariamente, sem apreendê-lo por inteiro, sem poder retê-lo à distância. Ela não dispõe de base onde capitalizar seus proveitos, preparar suas expansões e assegurar uma independência em face das circunstâncias (pp. 46-47).

A tática é vista como a visão de oportunidades para agir nos lugares, nas brechas por onde, astutamente, passam e penetram aqueles que as percebem. "A tática depende do tempo, vigiando para 'captar no voo' possibilidades de ganho. O que ela ganha, não o guarda" (De Certeau, 1994: 47). Daí a necessidade de jogar com os acontecimentos para transformá-los em "ocasiões" de sucesso. Incessantemente, o fraco deve tirar partido de forças que lhe são estranhas. No jogo tático, o ganho, a posse, é instantânea e fugidia, portanto, depende de um "sempre alerta", da sagacidade de mover-se na arena em que se luta com e pela linguagem, como veremos a seguir em três momentos em que os ativistas agem taticamente.

BATALHA ENTRE OS "MANOS": DISPUTAS NO ESTILO MAIS RAPPER DE SER

A realização de oficinas e palestras em escolas tem sido considerada pelos ativistas como oportunidade de estabelecer possíveis pontes entre a valorização (por eles) e a desvalorização (pela sociedade) dos letramentos possibilitados pela cultura *hip-hop*. Também são oportunidades em que os ativistas podem apresentar o *hip-hop,* construir imagens de si, problematizar preconceitos, intolerâncias e estigmas em relação a esse movimento cultural.

Nas atividades que eles conduzem, não raramente enfrentam rejeições quando, ao adentrar transgressoramente os espaços educativos, carregam consigo questões indigestas para a grande maioria das plateias, bem como "vozes do corpo" (De Certeau, 1994) que movimentam atributos sociais e modos de dizer não aceitos ou socialmente desvalorizados. Essas vozes do corpo, desafiando as regras culturais com a corporeidade de grupos minorizados — negros e pobres, jovens, moradores das periferias das cidades —, são geralmente inferiorizadas e vetadas por mecanismos diversos que se mostram preconceituosos, e que reafirmam a não disposição da sociedade em aceitar estilos comunicativos fora do padrão eurocêntrico — branco e de classe média.

Essa situação foi claramente vivida em uma palestra realizada pelos ativistas para alunos de pedagogia em uma faculdade particular da cidade de São Paulo, cujo foco era apresentar o movimento cultural *hip-hop* como possibilidade de educação. A palestra foi cuidadosamente planejada: antes da data agendada, o grupo de ativistas realizou duas reuniões preparatórias visando estabelecer objetivos, selecionar materiais, recursos, possiveis estratégias de abordagem do tema e, em especial, pensar em como usar a palavra e obter êxito na situação de comunicação social, como aparece no excerto de uma das reuniões:

890 LGe: Dim quando a gente for fazer a palestra lá na faculdade, a gente diz: eu acho que o *hip-hop* é importante para a educação

891 Dimenor: Olha, assim não, mano! A gente deve falar: o *hip-hop* é importante para a educação. Fica mais forte a nossa posição

O excerto mostra a preocupação em monitorar não apenas o que vão falar sobre o assunto, mas também como vão trabalhar a linguagem para enfrentar a batalha de convencer interlocutores a construir uma imagem positiva do movimento e do grupo, de se fortalecer diante do outro e de garantir o papel de palestrante autorizado. Dimenor argumenta que, ao invés de modalizar o enunciado, reduzindo assim o comprometimento deles com seu valor de verdade — *eu acho que o hip-hop é importante para a educação* —, devem enunciar esse compromisso com a declarativa de valor universal — *o hip-hop é importante para a educação*. Falar de forma assertiva é importante quando os fracos, taticamente, se instalam no terreno dos fortes para, como diz De Certeau (1994), desferir seus golpes.

Mesmo com o planejamento, no dia da atividade, os palestrantes mostravam preocupação em organizar o discurso de forma que sua fala fosse ouvida, considerada e validada pelos estudantes de pedagogia. No dia da apresentação, o grupo fez um percurso de cerca de duas horas, em horário de pico de trânsito, ainda mais intenso por conta da chuva forte do mês de novembro. Quando chegaram à faculdade, estavam bastante tensos e, na sala de espera, para descontrair, começaram um jogo de desafio, no qual, a partir de determinado tema, um após outro era chamado a entrar na roda, tomar a palavra e "mandar a rima".

Nessa situação comunicativa, a arte verbal está estampada na batalha, na luta pela palavra, no padrão de fala *mais rapper de ser*: vence quem for o mais rápido, o mais provocativo, o mais dinâmico e criativo. A vitória é individual, a palavra tem de trazer sentido. O *rapper* tem de arrancar do outro uma resposta, tem de instigar o desafio verbal. Tem de saber rimar para ser um bom MC.

Ao escutar, ver e ler os movimentos da linguagem no *hip-hop*, em especial nas práticas dos MCs, é possível perceber que a palavra aparece como motor de ação dos sujeitos que, por meio da língua em funcionamento, agem no mundo construindo e constituindo identidades que se formam e transformam, assim como propõe Hall (2003).

O MC, o porta-voz da periferia, ao narrar as experiências cotidianas em forma de poesia rimada, desempenha papel estratégico como o sábio, o conselheiro, ou ainda como o contador de histórias dos territórios de pretos e brancos pobres. São eles os "manos" e as "minas" que, por meio da palavra, oralizam e fazem ecoar o emaranhado de vozes insatisfeitas com as condições de vida de grande parte do segmento menos favorecido da população.

A palavra do *hip-hop*, ainda que não única e uníssona, sustenta traços nos quais as inscrições sócio-históricas atestam os MCs como locutores coletivos sempre às voltas com as vozes sociais presentes como coenunciadoras.

A palavra também foi usada pelo grupo quando, antes de começar a palestra, já na sala destinada aos professores, resolveram usar os 15 minutos de espera para brincar uns com os outros, testar a filmadora e pelejar para ver quem maneja melhor as rimas.

Transcrevo trecho de um desafio verbal entre Dimenor e LGe, com duração total de cerca de 4 minutos. Analisarei um pequeno trecho de 1 minuto de duração, que ilustra a fala de Dimenor na luta pela boa palavra. Os trechos serão apresentados duas vezes[2], inicialmente por inteiro, com vistas a dar uma ideia do ritmo do verso e, posteriormente, dentro da análise que o acompanha[3].

> °aí. eu tenho° <o DOM da RIma>(1.) >pode acredi<tá
> >dimenor do parq bristol < chegou (1.0) >pa-ra<re-vo-lu-cio-nahha
> vamos [(xxxxxx) a rima.] (.) diferente — a— autoestima
> é ti°po° mais rá°pdə °ou mais lenta a minha, (.) fi-lo-so-fia
> >então,< elegê, (.) para de me observá.
> e começa a cantar (.) VA aprendê a rimá. (1.0) morou?

---

[2] Ver tabela na p. **169** com as convenções utilizadas na transcrição.

[3] O mesmo verso retextualizado do oral ao escrito permite uma leitura mais linear:
Aí, eu tenho o dom da rima, pode acreditá
Dimenor do Parque Bristol chegou para revolucionar
Vamos (xxxxx) a rima diferente a autoestima
É tipo mais rápida mais lenta a minha filosofia
Então LGe para de me observá
E começa a cantar
Vai aprender a rimar, morou?
Aqui a constituição vai muito mais além
No cantado no falado no rap eu cheguei
Mudando a rima diferente totalmente
Falô, otário! É tudo com a gente

aqui a constituição vai muito mais alé::::m
no cantado no falado no *rap* eu chegue:i::
>>mudando a rima<< ( )diferente (.) totalMENTE
falô? (1.0) <otário.> é<°tu:do com a ge::nte°>

Nota-se que o ritmo cadenciado do estilo *rap*, no qual se alternam os volumes mais altos e mais baixos da voz, constrói uma movimentação própria do desafio, da luta, como quando os corpos se aproximam e se distanciam nos enfrentamentos. A ideia de luta pelo espaço se deve, também, à alternância marcada que o MC faz entre sílabas tônicas e átonas, que são sussurradas (foneticamente, [park] no lugar de [parki]). As sílabas tônicas, pelo contraste, parecem mais fortes, ou não se fundem; por exemplo, são pronunciadas sem abreviar, como em *pa-ra* (e não *pra*, a pronúncia comum na fala); em outros casos, há a separação do artigo e da primeira sílaba com o mesmo som, como em *a-autoestima*. Podemos dizer que as sonoridades se alternam — mais forte / mais fraco — imitando o movimento de uma dança, mais forte quando se aproxima do outro, mais fraco quando se afasta, como nos desafios realizados nas rodas de capoeira.

No desafio verbal, os versos são recitados com força, às vezes falando diretamente com o desafiado — *>então,< elegê, (.) para de me observá, e começa a cantar (.) VÁ aprendê a rimá..* —, ou monitorando a compreensão, pedindo confirmação — *morou* —, o que permite identificar a intenção do ativista de mostrar sua capacidade de encaixar as palavras certas, "sem vacilar" e como a dizer "é assim que se faz rima". Deve-se lembrar que ensinar a fazer *rap* é uma das dimensões mais valorizadas no universo *hip-hop*, em especial para os ativistas participantes da pesquisa, que têm envolvimento com a organização de oficinas para crianças, adolescentes e outros jovens que também querem aprender a usar as palavras para expressar visões de mundo.

Na segunda transcrição do trecho, desta vez com observações minhas, verifica-se como Dimenor usa, além das palavras, o seu corpo para criar a sonoridade desejada no desafio que faz a LGe. A sequência de imagens geradas a partir do congelamento de algumas imagens do DVD referente ao evento tenta ilustrar a movimentação do corpo acompanhando o ritmo do *rap*.

Ao iniciar sua fala, Dimenor chama a atenção do parceiro abaixando o volume de voz, quase sussurrando; em seguida eleva o volume da voz ao anunciar sua capacidade de rimar e com voz mais rápida solicita a atenção do outro.

> °aí. eu tenho° <o DOM da RIma>(1.) ((levanta a cabeça, olhando para LGe desafiadoramente)) >pode acredi<tá ((balança a cabeça em sinal de afirmação))

O momento em que eleva a voz para dizer do dom de fazer rima é importante no duelo, pois saber rimar é o quesito mais importante no currículo de um MC. No *rap*, a rima é responsável por chamar a atenção do ouvinte. Por meio da qualidade, da sonoridade, de métricas mais ou menos adequadas, o cantador mostra o repertório que possui e, além disso, sua capacidade de estabelecer relações semânticas e, por meio da linguagem, argumentar convincentemente.

Outro traço a ser destacado em sua exposição diz respeito à menção do lugar de moradia:

>dimenor do parq bristol < ((abre os olhos, olha para o colega)) chegou (1.0) >pa-ra<re-vo-lu-cio-nahha ((aspirando e alongando a sílaba)).

Diz ser *do* Parque Bristol, o que significa dizer "sou da periferia", acelerando a voz, pois o dado, já sabido por todo os seus parceiros, perde relevância diante da declaração seguinte preparada com esmero pelo falante. Dimenor abre um pouco mais os olhos e encara seu parceiro ao organizar sua *performance* para mostrar-se como uma pessoa "de atitude", crítica, com propósitos, capaz de agir por meio da palavra. No trecho seguinte, chama a atenção sua percepção da importância do monitoramento da fala: *É ti°po° mais rá°pida° ou mais lenta a minha, (.) fi-lo-so-fia.* Manifesta domínio metadiscursivo ao mostrar que escolhe a maneira de expressar sua filosofia de acordo com sua intencionalidade:

>então,< elegê, (.) para de me observá. ((enche o peito e leva as mãos à cintura))
E começa a cantar (.) VA aprendê a rimá. (1.0) morou?

Aqui novamente fala com o corpo para fortalecer seu discurso: leva as mãos à cintura, indicando disposição para o enfrentamento que se desenrola. Dispara duas ordens ao parceiro: que pare de observá-lo e, em seguida, com voz bem mais alta em relação ao contexto anterior, dispara a segunda ordem, intimando-o a "aprender" a rimar, pois, ao que dá a entender, o outro ainda não sabe. E depois disso começa a encaminhar o final da peleja:

> aqui ((volta o dedo indicador da mão direita para o chão da sala))
> a constituição vai muito mais alé::::m ((com o braço e o polegar da mão indicando para trás))
> no cantado no falado no *rap* eu ((aponta o dedo indicador para si mesmo)) chegue:i:: >>mudando a rima<< ( ) diferente (.) totalMENTE

 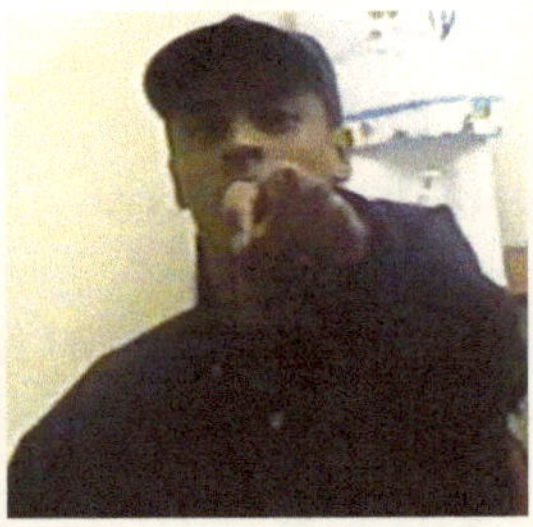 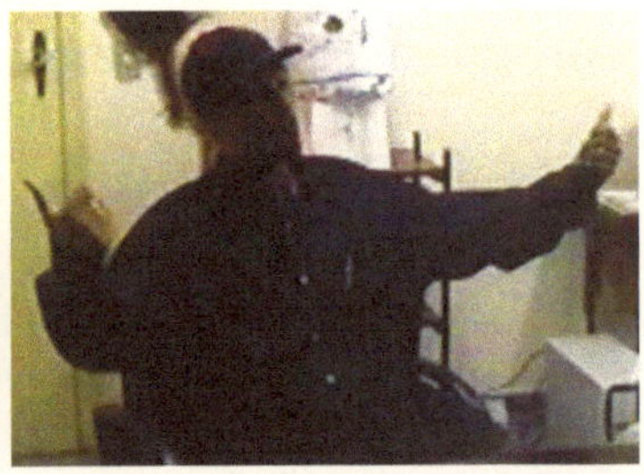

Dimenor, ao referir-se à Constituição, valoriza-a como documento escrito, como símbolo de poder e referência, mas enfatiza que, para além da habilidade de ler o texto escrito, como *rapper*, ele faz uso da rima pelo seu conhecimento da oralidade, e é assim que coloca em movimento as leis, os códigos da Constituição. Dessa maneira, começa a desenhar, com o corpo, a síntese da *performance*:

> no cantado no falado no *rap* eu ((aponta o dedo indicador para si mesmo)) chegue:i:: >>mudando a rima<< ( ) diferente (.) totalmente, falô? (1.0) <otário.> ((aproxima todo o corpo e coloca seu rosto bem próximo ao rosto de LGe))
> é<°tu:do com a ge::nte°> ((bate no peito do LGe com displicência e depois bate no dele próprio))

Os movimentos corporais de Dimenor podem ser analisados com o uso da abordagem da proxêmica, que se define como "o estudo do uso que o ser humano faz do espaço enquanto produto específico" (Hall, 1986: 132). O estudo dos movimentos corporais permite compreender que os modos de estabelecer relações com os espaços são culturalmente sustentados e que as ações do corpo, acompanhadas de ações verbais, tais como o tom e a intensidade da voz, "são fontes de informação acerca da distância que separa dois indivíduos" (p. 132). Hall afirma que, em relação aos europeus, os povos latinos e africanos geralmente se aproximam muito mais dos outros para mostrar que estão presentes com o corpo na conversa e, ao observar como as pessoas posicionam seu corpo até mesmo em situações como acompanhar filas ou fazer rodas, distingue diferenças nas interações segundo a maior ou menor aproximação do corpo no lugar e em relação ao outro.

Na sequência das últimas imagens apresentadas, verifica-se que o modo como Dimenor joga com a palavra verbal é acompanhado, também, pelo uso da linguagem corporal. Nesse caso, o corpo acentua o *jeito mais rapper de ser*, provocador, desafiador, revelador dos modos de interação que se quer no momento da peleja. Quanto mais próximo, melhor para investir na palavra que se quer forte.

Percebe-se que Dimenor fala muito rápido, em seguida faz breve pausa, criando um efeito de suspense, assim preparando o auditório para ouvir sobre sua capacidade de revolucionar a forma de rimar. Para marcar a amplitude ou magnitude da mudança, acentua as duas últimas sílabas da palavra *totalMENTE*. Dessa forma, reafirma a importância da eloquência nas ocasiões de batalha verbal e na busca de argumentos para sustentar a palavra que, uma vez dita, tem de ser ouvida, validada, engrandecida, respondida em meio a um jogo verbal que comporta repetições, insistências e provocações.

O jogo verbal realizado na sala de espera serviu como "aquecimento" para entrar em outra arena de batalha, desta vez com o outro não ativista do movimento *hip-hop*, o grupo dos futuros pedagogos. Assim, durante cerca de dez minutos os *rappers* se revezaram, sustentando a produção colaborativa que, na forma de desafio, funcionou como manifestação de solidariedade entre eles, que entrariam em seguida em outra arena, dessa vez em um novo espaço de práticas já não tão familiar.

BATALHA ENTRE EDUCADORES: LEGITIMIDADE EM UM NOVO ESPAÇO DE PRÁTICAS

Quando os ativistas se encaminhavam para o local da palestra, antes de entrar na sala, fizeram uma rápida reunião para repassar como se daria a condução da atividade. Quem puxa a fala é Débora, que reclama que todos falam muito e que deveriam manter-se organizados para a palestra, conforme o planejamento. Deveriam evitar as contradições entre falas, respeitar o tempo de três minutos para cada um, buscar consenso e, em especial, evitar atropelar e cortar as falas uns dos outros, como sempre acontecia nas *rodas de conversa.*

Nessa situação, na qual os ativistas falariam para estudantes do curso de pedagogia, a batalha é bem diferente da encenada anteriormente na sala de espera. Ainda que a arma continuasse a ser a linguagem em ação, vale lembrar que, mesmo como palestrantes, na situação concreta estava posta uma assimetria social. Os ativistas eram os convidados, porém ocupavam posição socialmente inferiorizada em comparação aos ouvintes, estudantes de nível superior. Ao mesmo tempo, procuravam convencer o auditório, a fim de serem reconhecidos como educadores, agentes de letramentos. Não há como negar as forças sociais e institucionais interagindo durante o desenvolvimento do encontro.

Por estarem cientes de que, pelo menos em princípio, sua legitimidade como educadores estava em questão, taticamente se organizam em busca de garantir o sucesso esperado.

Já na sala, após os cumprimentos iniciais e a apresentação de estudantes e ativistas, a palestra começou com a exibição de um vídeo de pouco menos de dez minutos sobre as quatro expressões do *hip-hop*: dança, grafite, música e poesia. Os estudantes estão sentados, em uma sala retangular, com as cadeiras organizadas em semicírculo; dos cinco jovens palestrantes, três deles estão sentados, uma está na ponta da mesa e um em pé — alguns têm papel para anotações. Eu, a docente responsável pela aula, estou sentada ao fundo da sala.

Após a exibição do vídeo, Nathas, com voz pausada e em volume alto, indaga se alguém quer fazer pergunta. Ninguém pergunta coisa alguma. Indaga novamente e, sem receber resposta, começa a falar, apresentando-se. Depois disso, cada um dos palestrantes se apresenta, diz o seu nome, atividades desenvolvidas e visão própria sobre o *hip-hop*; a sala escuta atenta, permanecendo em quase total silêncio.

Dentre todas as falas, analisaremos a fala de Dimenor novamente. Ela se mostra exemplar de alguns aspectos prosódicos que caracterizam a fala dos ativistas nessa situação comunicativa em que convinha a todos mostrarem saberes compartilhados em torno do *hip-hop* e da educação. Nesse excerto, chama a atenção o contraste em relação ao uso da palavra em comparação com o evento anterior, de desafio verbal. Se anteriormente o *ethos*[4] pretendido era o de um guerreiro, desafiador, no excerto a ser analisado percebe-se a busca de um outro *ethos*, o de educador. Vejamos como os enunciados buscam, diante do auditório, replicar valorações presumidas e trabalham na construção dos sentidos almejados para o *hip-hop*.

> Dimenor: ((se ajeita no assento, erguendo o tronco e indo para a frente, aproximando-se assim da plateia)) °boa noite°, °eu sou o dimenor°, faço parte do >movimento enraizado<(.) organização juvenil que trabalha (3') ((leva o braço para trás, depois para a frente, em seguida o abaixa acentuando a palavra e subindo o volume da voz)) PAra a inclusão social da periferia de São Paulo >e algumas partes do Rio de Janeiro também<. esse é o ponto de vista que a gente tem como— (.) educaciona::l *hip-hop* (1.0) no <come::ço> tinha o *hip-hop* <marginaliZAdo> que era uma— (.) um conceito meio— (..) quando você fala marginaliZAdo na minha concepção (.) é um conceito pejorativo. (.) POR QUÊ? (.) quando a gente— a gente fala que o *hip-hop* é marginalizado não pela PARte (.) de bandido, de crime, mas sim porque é organizado ((faz um círculo com as mãos)) às marge da sociedade (.) então quer dizê (.) a sociedade exclui:: (.) o povo, <o povo da periferia>, (.) <o °povo° da favela>, e não temos onde ir buscar a cultura (.) e com isso o *hip-hop* vem descenTRAliZAndo essa cultura que está mais no centro da cidade para dentro da periferia, a favela. esse é o ponto de vista que a gente tem também.

Dimenor usa em sua exposição não apenas a fala, mas também o corpo como "cartão de apresentação", o que no universo *hip-hop* é quase uma

[4] Segundo Maingueneau, "o texto não é para ser contemplado, ele é enunciação voltada para um coenunciador que é necessário mobilizar para fazê-lo aderir 'fisicamente' a um certo universo de sentido. O poder da persuasão de um discurso decorre em boa medida do fato de que leva o leitor a identificar-se com a movimentação de um corpo investido de valores historicamente especificados" (Maingueneau, 2005: 73).

convenção. Fala sentado em uma cadeira, de frente para os ouvintes anfitriões e lado a lado com seus ouvintes "aliados". Antes de cumprimentar a plateia, ajeita sua postura e projeta seu peito, buscando impor a imagem de *mano firmeza* e marcar a intencionalidade do orador, ele também um educador, de aproximar-se "em carne e osso" da plateia de educadores. Em seguida, apresenta-se dizendo:

> boa noite°, °eu sou o dimenor°, faço parte do >movimento enraizado<(.) organização juvenil que trabalha

Pode-se notar que o palestrante alterna o ritmo e a altura de sua voz — primeiro mais baixa e rápida, de forma a minimizar os aspectos pessoais, e em seguida, mais pausada e alta para destacar um aspecto do movimento *hip-hop* que, afinal, é a centralidade do tópico da exposição.

Em seguida, aponta a finalidade do movimento ao qual pertence — *PAra a inclusão social da periferia* — e, novamente, prosódia e movimentação do corpo colaboram: rapidamente sobe e desce o braço e eleva a voz para marcar o lugar de afirmação.

Com sua fala e gestos, Dimenor traz para essa situação comunicativa um traço *rapper de ser*: investir nos movimentos corporais para salientar e evidenciar a contundência na fala. Gesticular é ação típica dos MCs, quando estão no palco cantando *raps* e querem marcar o refrão das músicas ou, ainda, quando os ativistas participam de palestras ou oficinas.

Em seguida, o jovem marca a solidariedade com seu grupo ao dizer *Esse é o ponto de vista que a gente tem como— (.) educaciona::l hip-hop (1.0) no <come::ço> tinha o hip-hop <marginaliZAdo*. Ao expor seu ponto de vista, diz que ele é também o de Nathas, de Débora, de LGe e de Soneca, pelo uso do inclusivo "a gente". A primeira pausa que surge pode ser vista como a busca da melhor maneira de dizer aos estudantes de pedagogia que eles consideram que o *hip-hop* educa e, portanto, ele "é educador ".

Figura 8: Palestra para alunos de pedagogia. ©Domênica Sabino de Souza

Pode-se notar ainda uma segunda pausa, que parece funcionar como um recurso desacelerador para planejar sua fala ou auxiliar na busca de algo importante na memória. A pausa permite que, de forma mais lenta, Dimenor sustente, com novos argumentos, a fala de Soneca, que o antecedeu, refutando a concepção de marginalidade própria do senso comum da sociedade majoritária: *então eu vou passar uma visão do hip-hop, que pra muitos é marginalizada, entendeu? (.) e o hip-hop (.) não é— não é marginalizado, ele serve para tirar o pessoal da marginalidade, entendeu? (.) um instrumento pra tirar o pessoal da marginalidade.* Ao revozear Soneca, Dimenor mostra-se colaborativo e solidário com seus pares.

Nesse contexto, a retomada de informações é um recurso pedagógico que ajuda o palestrante a trabalhar didática e ideologicamente diante da plateia de estudantes, algo que ele continua a fazer quando lança mão de uma pergunta retórica para salientar aquilo que considera importante, a saber, que marginalizado não é ser bandido, mas sim estar às margens da sociedade: *quando você fala marginaliZAdo na minha concepção (.) é um conceito pejorativo. (.) POR QUÊ? (.): quando a gente— a gente fala que o hip-hop é marginalizado não pela PARte (.) de bandido, de crime, mas sim porque é organizado ((faz um círculo com as mãos)) às marge da sociedade.*

Continua ele: *a sociedade exclui:: (.) o povo, <o povo da periferia>, (.) <o °povo° da favela>, e não temos onde ir buscar a cultura (.) e com isso o hip-hop vem descenTRAliZAndo essa cultura que está mais no centro da cidade para dentro da periferia, a favela. esse é o ponto de vista que a gente tem também.* A repetição da palavra *povo* três vezes — *(.) o povo, <o povo da periferia>, (.) <o °povo° da favela>* — marca a contraposição à sociedade majoritária. Povo ele também é, mas como ativista do *hip-hop*, perfila-se junto aos que, às margens, buscam na cultura e pela cultura, a educação. O acento enfatizando a palavra *descenTRAliZAndo* parece querer dizer da urgência, ou da relevância, da melhor distribuição e circulação do que é socialmente produzido.

Cada um falou em sua vez, cedendo a palavra, o que mostra que estabeleceram entre si uma aliança na qual a palavra, no novo contexto de comunicação, se reveste dos objetivos dos falantes envolvidos, de equilibrar as relações de poder imbricadas na situação.

Figura 9: Palestra para alunos de pedagogia. © Domênica Sabino de Souza

Diferentemente do que ocorreu na interação intragrupo, previamente à palestra — uma interação entre amigos, quase como uma coisa íntima, pois o desafio é a um membro do *hip-hop*, quando foram mais contundentes e espontâneos, e batalhavam no *estilo mais rapper de ser* —, no contexto da palestra propriamente dita buscaram palavras eruditas, redefiniram algumas delas, mediram olhares e pausaram a voz.

Os jovens ativistas mostram suas maneiras de usar a fala na batalha, na luta por um espaço entre educadores, mantendo suas marcas sócio-históricas na oralidade letrada, no ritmo e na repetição, e buscando constituir para si e para os outros, por meio do discurso, as imagens de educadores. Nesse caso, os gestos, as falas com diferentes ritmos e entonações se dão na situação concreta de acordo com o investimento ideológico do grupo. O uso da linguagem foi planejado: como é que o outro vai me ver, como deve ser o meu discurso? Como vou me comportar, como me sentar, como gesticular? Além disso, redefinem o vocabulário e fazem escolhas lexicais de forma a sustentar o *ethos* de autoridade, de quem sabe como falar para subverter as ideias sobre jovens negros *rappers* e até do que se pode entender como educação. Tais possibilidades de planejamento e escolhas lexicais, mais uma vez, podem ser caracterizadas como evidências dos efeitos da inserção no *hip-hop,* uma agência de letramentos importante para suas constituições identitárias.

Outro uso tático da linguagem pode ser visto na seção seguinte, que privilegia excertos de duas *rodas de conversa* nas quais estão presentes as batalhas pelas ideias entre agentes de letramentos.

BATALHA DE IDEIAS ENTRE AGENTES DE LETRAMENTOS PELOS SENTIDOS DAS PALAVRAS

Um dos princípios da cultura *hip-hop* reside em atribuir ao uso da linguagem o poder de ação, de transformação, cujo manejo intencional e cuidadoso projeta difundir visões de mundo e posturas na disputa pelos sentidos que se constituem no intercruzamento das vozes sociais.

Nosso objeto de análise será um excerto da primeira *roda de conversa*, quando se discutia o que eles gostavam de ler. Em dado momento, a questão racial ganhou vulto, a tal ponto que se decidiu que a discussão merecia um espaço exclusivo. Dessa maneira, a segunda *roda* se dá, principalmente, em torno dessa temática.

No universo interativo das *rodas de conversa*, três vozes se encontram, evidentemente com tensões e assimetrias. A primeira, do *hip-hop*, representada pelo grupo de jovens ativistas que, nesse cenário, investidos de valores, de um conjunto de práticas e de visões de mundo, foram reconhecidos, e se reconheceram, como participantes fundamentais no processo de geração de dados. A segunda é a acadêmica, representada por mim, com meus valores, compreensão de mundo e posicionamentos para alcançar os objetivos postos pela pesquisa. A terceira, dos intelectuais e ativistas sociais, na qual eu me situo com os participantes, envolve a assunção do papel de ativistas engajados em projetos alternativos de educação, com vistas ao reconhecimento das diferenças raciais e sociais e à superação das discriminações raciais engendradas por relações historicamente conformadas de luta pela igualdade de direitos.

Os excertos a seguir são parte da primeira *roda de conversa*, acontecida em agosto de 2004, na qual os jovens apresentavam seus acervos de leitura[5].

Figura 10: *Roda de conversa*, em agosto de 2004. © Analu

5 O uso de letras em negrito na transcrição tem apenas a função de chamar a atenção sobre o fato a ser analisado.

528 P: Aliás/ o livro é o::: ?

529 LGe: *Jogo duro* de Elias ((incompreensível))/ Hugo Correia//

530 P: Essa foi//

531 LGe: Era uma vez o::: (.) a história dos **negros** (.) que passou em **branco**/ (.) você entendeu? (.) e eu trouxe esse livro porque (.) ele questiona a (.) a Princesa Isabel/ (.) que dizem que libertou **os pretos,** né/ di::zem que::: né/ aí aqui com/ com palavras simples/ com alguns desenhos/ eles simplificam bastante/ (.) simplificam porque:: (.) ele fala da da vitória **dos pretos**/ que não só teve um **preto** como herói/que não só teve o Quilombo dos Palma:::res/ (.) porque uma maiori::a/ (.)tipo (+) um continente todo se torna escravo de (.) de meia dúzia de **brancos**/ (.) **ele deixa bem (+) bem escuro isso** pra gente entender/

532 P: ((risos))

533 Dimenor: Ao invés de ser **bem claro/ bem escuro**/ tá certo/

534 LGe: A:::H e outra coisa e esse livro também deixa **bem escuro** a questão daquela palavra (.) mai::s é /.../ tipo assim/ (.) **neguinho** fez i::sso/ **neguinho** fez aqui::lo/ a coisa tá **preta** pro meu lado/ etc./ etc./ etc./

535 Soneca: É isso daí/ porque eu sou a ovelha **negra** da família/

536 LGe: É/ essas coisas/

537 Soneca: tanto é que ele falou **claro/ escuro**//

538 LGe: a::: a gente (.) é esse expli /.../ é o (.) esse livro deixa be::m (.) explícito isso né/ e também fala porque que os (.) os pre::tos que foram escravos e (.) e não os índios

Designar-se ou designar o outro como negro, preto, afro-brasileiro, neguinho, pretinho, branquinho, mobiliza e confronta visões, produzindo efeitos variados:

531 LGe: Era uma vez o::: (.) a história dos negros (.) que passou em branco/ (.) você entendeu? (.) e eu trouxe esse livro porque (.) ele questiona a (.) a Princesa Isabel/ (.) que dizem que libertou os pretos né/ di::zem

> que::: né/ aí aqui com/ com palavras simples/ com alguns desenhos/ eles simplificam bastante/ (.) simplificam porque:: (.)ele fala da da vitória dos pretos/ que não só teve um preto como herói/

Em um primeiro momento, é explícita a adesão ao discurso dos movimentos negros brasileiros que denunciaram e ainda denunciam o jogo de aparências que foi a "libertação" dos escravizados, em 1888, no Brasil. No contexto sócio-histórico do início do século XXI, esse ponto de vista não apenas está presente no discurso da militância como foi incorporado, mesmo que algumas vezes de forma enviesada, no imaginário social dos brasileiros. Contudo, nesse mesmo excerto, são encontradas vozes que conflitam com os mesmos movimentos negros no que se refere à autodenominação, *preto* ou *negro*.

Na atualidade, o uso da expressão *raça negra* usada pela militância, e incorporada pelo universo acadêmico, focaliza as dimensões sociais e políticas do racismo, considerando que sua existência na sociedade ainda baliza e hierarquiza os diferentes grupos, com sérios prejuízos mais visíveis para o segmento negro — pardos e pretos — da população. O discurso enunciado por LGe, ao referir-se à leitura do livro *Jogo duro*, se opõe à palavra de ordem amplamente difundida pelos movimentos negros desde os anos de 1980: *negro é raça, preto é cor*.

O *rapper*, ao afirmar-se *preto*, não apenas se coloca em oposição aos movimentos negros como também em relação à ideologia do branqueamento ou do Brasil moreno, cordial. De maneira geral, para o universo *hip-hop*, a categoria negro está dentro da intelectualidade da academia, da classe média negra letrada, e dá conformação a certos padrões que eles declaram não querer assumir como grupo. Essa questão remete ao que discuto no capítulo metodológico quando exponho a relutância de alguns coletivos em aceitar a proposta para a participação na pesquisa. Dessa forma, LGe, ainda que esteja dialogando com essas outras vozes, distancia-se e se apresenta por meio do uso do termo *preto*, marcando que mais importante que ser negro é sua identidade como *rapper*. Embora nessa roda possamos ver esse movimento como importante, uma vez que estão presentes as vozes da academia e de *rappers* negros e brancos, nem sempre os ativistas conseguem marcar tão explícita e politicamente essa distinção. Lembremos que o movimento cultural *hip-hop* bebeu muito nas águas do movimento negro e é inegável a filiação identitária pessoal e coletiva.

Aos poucos, os posicionamentos e as escolhas lexicais permitem constatar que está em jogo a batalha pela terminologia, de modo a assegurar a identidade social de *rappers* não apenas diante da elite, da sociedade em geral, mas também dentro do conjunto maior dos movimentos sociais negros. No cerne da batalha, encontra-se a ideia de empreender esforços não apenas para vencer o inimigo, mas para superar-se e mostrar, a si mesmo, a destreza.

Como nas batalhas e outras táticas do *hip-hop*, essas ações da arte do fazer se multiplicam e são capazes de circunscrever lugares e papéis aos sujeitos. Fazer parte do movimento cultural *hip-hop*, tal como definem os sujeitos pesquisados, requer buscar dizer, mostrar a validade de suas ideias e convencer o outro por meio do discurso. Por isso, as diferentes terminologias escolhidas para compor o discurso não são simples formas de dizer, mas sim formas de posicionar-se em determinado cenário.

A busca por articular os aspectos sócio-históricos que precisam ser expressos aparece na batalha em que as imagens são taticamente construídas e pode ser evidenciada em termos presentes nas interações aqui focalizadas. Nelas, a identidade de ser *rapper* está em mostrar que se sabe usar a palavra, mas não qualquer palavra. O uso de um léxico selecionado é tido como condição para reforçar a ritualização de pertença ao universo *hip-hop* que, em diálogos com outros discursos, visa criar um lugar de poder.

O diálogo entre eles continua, desta vez valendo-se do recurso da ironia, numa paródia da palavra do cotidiano na sociedade brasileira, o que também lhes possibilita desvelar o embate de vozes sociais.

534 LGe:	A:::H e outra coisa e esse livro também deixa **bem escuro** a questão daquela palavra (++) mai::s é tipo assim (+) neguinho fez i::sso — **neguinho** fez aqui::lo a coisa tá **preta** pro meu lado etc etc etc
535 Soneca:	É isso daí — porque eu sou a ovelha **negra** da família —
536 LGe:	É essas coisas

537 Soneca: Tanto é que ele falou **claro escuro**

538 LGe: A::: a gente (+) é esse expli — é o (+) esse livro deixa be::m (+) explícito isso né — e também fala porque que os (+) **os pre::tos** que foram escravos e (+) e não os índios

A paródia ocorre quando LGe traz a voz de uma sociedade que discrimina e inferioriza e logo de início a desqualifica, promovendo o efeito de sentido de denúncia das práticas racistas e preconceituosas impregnadas na linguagem cotidiana, presentes no significado "tornar-se inteligível" da palavra "clarear". Ao instaurar um campo de tensões e disputa de sentido com outras vozes sociais e raciais, o ativista subverte esse significado, pois a expressão *bem escuro* se opõe ao discurso de todo e qualquer falante de português, língua que, como muitas outras, traz em seu bojo a noção de que a cor branca traz luz, elucida e é associada ao bom. Em relação à população negra, é comum o uso de expressões que associam a cor negra a coisas ou fatos ruins ou menores e, por isso, ao empregar frases como *neguinho fez isso, neguinho fez aquilo; a coisa tá preta pro meu lado*, ele está parodiando a voz branca racista. Ao parodiar o discurso de senso comum, racista na sua base, LGe arranca risos dos integrantes da *roda*: ao virar o já dito pelo avesso, mostra que a linguagem, "carregada" de ideologia, pode ser despida de seu manto de aparente transparência e neutralidade e dar voz também aos discursos que visam justamente desconstruir essa visão naturalizada de uso da linguagem.

Compreender os discursos sobre relações raciais no conjunto de enunciados requer aproximar-se de um complexo leque de designações, histórica e socialmente construídas, materializadas em vozes que se entrelaçam na luta pela produção de sentidos.

Vimos que a análise das designações requer considerar os aspectos ideológicos presentes em seu uso, no momento de sua enunciação. Requer também considerar o embate que as designações estabelecem com outras vozes sociais, cujas categorias em relação à raça, classe e etnia, os ativistas questionam. Nesse sentido, este excerto em particular revozeia questões fundamentais no histórico das relações entre brancos e negros no Brasil e das relações entre negros pertencentes a movimentos distintos.

Nos excertos que passaremos a analisar, da segunda *roda de conversa*, o foco recai sobre as formas como os ativistas negociam e disputam os sentidos das palavras, e os enunciados mostram como a nomeação está intrinsecamente ligada às identidades e experiências dos sujeitos.

No primeiro excerto, vemos como os ativistas se posicionam diante da presença do negro na mídia. Esse tema está intimamente relacionado às suas identidades de ativistas do *hip-hop*, uma vez que, quanto mais o *hip-hop* ganha terreno em eventos públicos, mais a mídia se interessa por esse fenômeno que atrai, entre outras coisas, audiência. Entre os ativistas, a participação na mídia não é tranquila, mesmo quando se está falando de negros em sentido generalizado e não apenas daqueles do movimento *hip-hop*. Vejamos o excerto a seguir:

898	LGe:	Você não quer explicar não?//
899	P:	E qual que era a polêmica mesmo? (+) eu ouvi o tema/ (+) eu lembro do tema que era (+) ***Negros na mídia//***
900	LGe:	**Era vitória**
901	Dimenor:	**Ou manipulação//**
902	LGe:	**Conquista//**
903	P:	**Conquista/ vitória//**
904	Soneca:	**Manipulação ou (enganação)//**
905	LGe:	Não/ porque vitória não é/ (+) vitória não é/ ((várias vozes))
906	P:	BOM/ começava assim/ Negros na Mídia/ aí tinha//

Neste conjunto de enunciados, observamos provocações em relação às possibilidades de maior ou menor sucesso na argumentação, de estar ou não preparado para a *roda de conversa*, que Dimenor denomina de tribunal, metáfora que remete à ideia de julgamento de diferentes versões sobre uma mesma questão.

Dessa forma, interessa chamar a atenção para a característica que a *roda* toma desde o início, uma peleja instaurada quando diferentes posições são explicitadas pelos ativistas, uma após outra, por vezes apenas com uma palavra: *manipulação, enganação, vitória, conquista*. Tratava-se de buscar dar rumo à polêmica, de batalhar, de impor logo de início "uma" visão. Não por acaso, ao introduzir o tema, eu o nomeio como polêmica, já lembrando inclusive que na *roda* anterior a questão provocara debate acalorado e ganhou tal dimensão que foi eleita como foco da *roda* seguinte. Antes mesmo que o objeto discursivo "negro na mídia" fosse introduzido, ele é lembrado como algo que tinha gerado discussão e debate e instaurado uma polêmica entre os ativistas; por isso, a *roda* acaba sendo caracterizada como um tribunal. Após a tentativa de estabelecer alguma "ordem" para que o debate começasse, é interessante perceber que os ativistas estão mais preocupados em estabelecer um rumo argumentativo para o tema.

Nos encaminhamentos discursivos, pode-se entender que a presença do negro na mídia deve-se à existência de uma luta anterior, uma história, um combate que apresentou um "vencedor" depois de muitas investidas. A princípio, pareceria que *conquista*, que remete ao processo, e *vitória*, que lembra o resultado, ilustram de forma mais flagrante essa história, mas *manipulação* e *enganação* ressignificam o processo, pois encenam um jogo em que, por um lado alguém foi ludibriado e se deixou enganar e, por outro, alguém trapaceou. Na *roda de conversa*, ou tribunal, os jovens investiram no uso da linguagem para colocar seu ponto de vista, disputando a vez e a voz, para impor ideias que iriam "dar o tom" da *roda*.

No andamento do debate, os ativistas usam a repetição, tanto para disputar o turno como para conferir determinado ritmo à *roda de conversa*. Além disso, é perceptível o uso de um jargão próprio da identidade "periférica" que eles reivindicam.

907 LGe: Deixa eu/ eu só falar um negócio, Soneca (.) tipo assim (.) tipo (.) eu concordo com isso que você falou (.) a única coisa que o que eu discordei foi aquela palavra GANHAR (.) porque nós não ganhamos nada

b908 Soneca: **Você tá confundindo o *bagulho***

909 LGe: **Eu não tô confundindo nada**

910 Soneca: Você ganhou do próprio povo negro, meu amigo (.) eu não tô falando que o branco jogou no colo (.) você não tá entendendo o ***bagulho*** (.) **você não tá entendendo *a parada***

É interessante observar como os turnos vão sendo encadeados com a retomada quase literal da fala do outro, criando um ritmo, uma sonoridade representada em turnos como estes: *você tá confundindo o bagulho/eu não tô confundindo nada /.../ você não tá entendendo a parada/ eu tô entendendo perfeitamente /.../ você não tá entendendo/ claro que eu tô entendendo.*

Na disputa por sentidos, não se pode usar qualquer vocabulário. Não apenas as já citadas palavras marcam posicionamentos críticos — *conquista, vitória, manipulação, enganação* —, mas também indicam de que lugar social os ativistas estão falando: *bagulho, a parada, tá ligado.* Eles mostram que estão discutindo a questão como *rappers*, como negros, como pobres, como sujeitos de periferia e, para isso, não serve qualquer palavra, mas um léxico selecionado, que faça sentido. Ainda é possível observar a retomada da fala do outro, constituindo nesse embate o sentido de quem está entendendo e quem não está, quem está confundindo, quem não está; um duelo pela posição de quem é quem na *roda*, com vistas a demarcar qual ideia será a vencedora. A disputa pelo sentido da participação do negro na mídia ainda está em jogo: *ganho, conquista, manipulação, conquista nossa.*

Estar *no* e ser *do hip-hop* implica trazer para a interação a batalha por ideias e palavras, indicando uma forma *sui generis* de diálogo. O modo como o tema veio sendo retomado, por meio de um léxico relacionado não apenas à cultura, mas também às suas interações com os movimentos negros, baliza a roda como mais um espaço de constituição identitária na qual os enunciadores marcam o poder de suas palavras, que trazem as *vozes das margens* (Hall, 2003: 338). Vozes que, investidas de valores encarnados pelo enunciador, na situação concreta, batalham por imagens que se querem legitimadas.

Na busca de afirmação do ser *rapper*, os sujeitos lançam mão de táticas para delimitar o território, enfatizando a força dessa posição, por meio da repetição, da ritmização, da ironia e da nomeação. A exigência de um posicionamento firme, de guerreiro, de forte, não permite modalização e, por isso, encontramos sempre uma fala direta, combativa e enfática. A batalha presente nos excertos trazidos nesta última análise permite afirmar que as *rodas de conversa* seriam um exercício de busca, de luta por ocupar posições, legitimar suas palavras.

DUCHESNE

CONSIDERAÇÕES FINAIS

letra é treta
(Allan da Rosa)

Letramentos de reexistência buscou caracterizar o movimento cultural *hip-hop* como uma agência de letramentos e seus ativistas como agentes de letramentos. Tomando por base uma perspectiva sócio-histórica, explicitei que os letramentos singulares praticados pelo grupo de participantes da pesquisa têm lhes permitido redimensionar suas identidades, ressignificando papéis e lugares sociais a eles atribuídos por uma sociedade marcada por desigualdades raciais e sociais.

Busco responder a uma pergunta que se relaciona com todas as demais e por isso é considerada central: podemos falar de letramentos de resistência, uma vez que as práticas e eventos de letramentos desses jovens estão relacionadas às suas identidades contestadoras?

A resposta a essa indagação mostrou-se afirmativa e, de certa forma, começou a ser obtida desde os primeiros contatos com os sujeitos participantes. O processo de pesquisa, especialmente no tocante às questões metodológicas, se revelou ainda mais desafiador, pois os participantes, ao questionarem o tratamento por vezes desrespeitoso que recebem por parte de um setor da academia, posicionaram-se como sujeitos, exigiram comprometimento, devolutivas, participação ativa e forjaram o que denomino *letramentos de reexistência*. A própria interação com os ativistas acabou impondo outra forma de fazer pesquisa e deu nova configuração a esta obra. O trabalho, que a princípio tinha como objetivo pensar as práticas de leitura e escrita desses jovens como resistência ao letramento escolar, aos poucos se tornou um convite a entrar em um universo que não se limitava apenas em marcar uma posição contestadora em letras de música e em falas engajadas. Para além disso, os jovens queriam que o trabalho desenvolvido por eles, que não se restringia ao trabalho do MC, fosse reconhecido como uma instância de educação e transformação.

Nesse sentido, não era mais o caso de observar as singularidades de suas práticas letradas, mesmo estando fora do espaço escolar, mas perceber em que medida elas não apenas eram letradas, como reelaboravam a perspectiva de resultados ao mostrarem que não apenas valorizavam a cultura letrada escolarizada, embora a refutassem em muitos momentos, como principalmente a reinventavam, reformulavam, redizíam e praticavam. Nesse movimento, eles não apenas resistiram a um modelo de letramento excludente apoiado em formas já cristalizadas de legitimação, mas criaram outras formas de dizer o já dito, imprimindo de forma indelével suas identidades sociais. Daí a nomeação letramentos de *reexistência* e não apenas "resistência".

Os três primeiros capítulos permitem entrever que, nos letramentos de reexistência, os discursos e as práticas letradas dão visibilidade a um segmento socialmente invisibilizado — majoritariamente constituído por negros e negras, jovens, que moram nas regiões periféricas urbanas e passam pela escola pública. Impor suas identidades sociais em espaços que historicamente não legitimam sua cultura, tais como escola, faculdades, ou até mesmo o centro de São Paulo, já constitui uma contestação à homogeneização.

Considerando-se o histórico da população negra no Brasil, para além de resistir, há que reexistir também por meio da linguagem, impondo outra escrita, outra oralidade que é letrada e que possa caminhar na contramão das diversas estatísticas em relação à população negra no universo letrado apresentadas no capítulo 1. Destaca-se ainda que os letramentos de reexistência da cultura *hip-hop* dialogam com um momento no qual a educação escolar está sendo posta em xeque: existe um hiato entre a escola e a sociedade contemporânea. Em meio a outros aspectos, sobressai o fato de que a escola não tem dado conta de reconhecer e legitimar a presença de outras culturas e de outros letramentos que já estão lá dentro. Estão nas falas do alunado, nos gestos, nas roupas, nos temas e nas formas de dizer e de reportar-se crítica e positivamente em relação às matrizes sócio-históricas, revelando padrões sociais e culturais de uso da linguagem, importantes nas ações cotidianas.

Como explicitado nos capítulos 2 e 4, ao usar a linguagem de forma intencional e com objetivos que se configuram na medida em que surge a necessidade de tomada de decisões para ações, o ativista ratifica a visão bakhtiniana de linguagem, que afirma que só podemos pensar em linguagem em contextos sociais e culturais, de forma dialógica. Dialogicidade não como um adendo, mas intrínseca à própria linguagem. Analisando não apenas os enunciados e a cena de enunciação nas *rodas de conversa,* bem como os materiais trazidos pelos jovens, percebi o quanto essa máxima bakhtiniana entra em cena quando o assunto são as práticas letradas do movimento cultural *hip-hop*. Ler para quê? Falar com que objetivos? Que temas são relevantes para minha vida e para a comunidade? A linguagem deve ser usada e produzida para quê e para quem? Os próprios ativistas responderam: *Pra causar!*

Este livro mostra a complexidade dos letramentos quando em meio às atividades culturais e políticas, nas interações e por meio da linguagem, os sujeitos descobrem, localizam, apontam, propõem, agem e ensinam outros a agir. Nesse movimento, eles reinventam os letramentos no *hip-hop*, que conjuga os letramentos da vida e o da escola. Como aparece na letra de *rap* analisada no capítulo 4, *Educar é o lema*, a escola é sim contestada, mas também deslocada em seu favor, quando eles conseguem repensar e atribuir sentidos sociais à instituição.

Nesse movimento de reinvenção de práticas de uso da linguagem, os ativistas instauram maneiras criativas de ler, falar, interagir, da mesma forma que constituem acervos de leitura, mediante investimentos para saber de si, de seu pertencimento étnico racial e social. Também circulam esse conhecimento por meio de suas produções. Desde a capa do CD até o fanzine, o *rap*, as batalhas, a organização de eventos, o grafite, eles imprimem e reafirmam o caráter coletivo da produção de conhecimento. Ao sociabilizar suas produções, eles se tornam agentes de letramentos e formadores de outros agentes. Estão implícitos nessa democratização de conhecimento o planejamento, o conhecimento do "auditório", o uso da modalidade de linguagem mais apropriada para todos, a preocupação em se fazer entender e em convencer o outro, não apenas em relação aos conteúdos veiculados, mas em relação à sua própria imagem como leitor, ativista, agitador e agente de letramentos, que se confunde com a própria imagem do movimento.

Os letramentos de reexistência não acontecem de forma inusitada, mas principalmente porque pertencer a esse movimento implica assumir alguns contratos estabelecidos nas interações e autoformações que o próprio grupo fomenta. É uma ação autorregulada pela necessidade de dar respostas aos desafios postos pelo centro, pela pós-modernidade, pelas crises. Para isso, usam-se a internet, a impressão reciclável, estabelecem-se parcerias com grupos com objetivos afins (movimentos sociais, ONGs), criam-se novas formas de se comunicar e interagir.

Uma das tarefas cada vez mais urgentes para a instituição escolar é atentar para a dinâmica e as múltiplas maneiras de uso social da linguagem, estabelecendo uma ponte entre o que está dentro e o que está fora da sala de aula, de forma a considerar as diferentes vozes e identidades que circulam nos espaços educativos. Essa preocupação é particularmente importante nesse momento sócio-histórico em que a educação para todos, como política, impõe-se como questão-chave para um mundo em movimento do qual a escola faz parte. Estamos diante da necessidade de reconhecer e validar diferentes práticas de uso social da linguagem como parte do repertório cultural dos novos sujeitos.

O capítulo 5 também explicita os letramentos de reexistência e a agência dos sujeitos em três situações distintas de interação em que necessitam investir nas formas de usar as palavras, a fim de comunicar suas identidades como *rappers*, educadores e ativistas. Taticamente, usam as maneiras de dizer de suas filiações sócio-históricas na apreciação valorativa implicada no léxico selecionado, na entonação, no ritmo da palavra e do corpo.

Observa-se também nesse capítulo que, por meio dos discursos, os sujeitos colocam em jogo e negociam as identidades que os singularizam como agentes de letramentos em suas comunidades e fora delas. Os enunciados verbais e corporais que indiciam marcas linguístico-discursivas nos permitem analisar como se constroem os diferentes posicionamentos identitários. Dessa forma, quando os jovens usaram a linguagem, o fizeram a partir de suas marcas sócio-históricas, buscando afirmar certos traços identitários inscritos em suas práticas discursivas. O discurso é, então, parte de uma estrutura social mais ampla e que tem efeitos sobre essa mesma estrutura.

Alguns dos integrantes desse grupo declararam que, entre outros aspectos, a participação no movimento possibilita tomarem parte, como protagonistas, em eventos nos quais o uso da língua, nas suas modalidades oral e escrita, é central: composição de letras de *rap*, participação em palestras, leitura de textos diversos tais como jornais, revistas e livros, em especial os que tematizam a história da população negra no Brasil e no mundo.

Segundo eles, essas práticas imprimem mudanças significativas em seu modo de agir e de posicionar-se diante da produção de conhecimento. Em atividades fora do âmbito de educação escolar, eles se envolvem com a linguagem de modo concreto e, em contextos reais de comunicação, reconhecer-se como agentes de letramentos os impulsiona a ir além e adentrar os diversos espaços de letramentos para se desafiar, para testar suas competências e, com isso também, aprendem, sobretudo, a reafirmar os letramentos emergentes, os de reexistência.

Os dados e análises resultantes dessa pesquisa revelam uma pequena parte da diversidade de práticas letradas que conformam a realidade brasileira e as grandes desigualdades existentes entre grupos, segundo sua origem social, escolaridade, inserção profissional, faixa etária, gênero, raça. Mostram também que a compreensão dessa complexidade e, principalmente, das possibilidades de mudança nas práticas letradas dos sujeitos é real.

151
LSD

BIBLIOGRAFIA

Abramo, H. W., O uso das noções de adolescência e juventude no contexto brasileiro, in: *Juventude e adolescência no Brasil — referências conceituais*. São Paulo: Ação Educativa, 2005.

Abromavay, M. et al., *Gangues, galeras, chegados e* rappers*; juventude, violência e cidadania nas cidades da periferia de Brasília*. Rio de Janeiro: Garamond, 1999.

Abromovay, M., Castro, M. G., *Ensino médio: múltiplas vozes*. Brasília: UNESCO, MEC, 2003.

Albuquerque, C., *O eterno verão do* reggae. São Paulo: Editora 34, 1997.

Alves, C., *Pergunte a quem conhece: Thaíde*. São Paulo: Labortexto, 2005.

Amorim, M., A contribuição de Mikhail Bakhtin: a tripla articulação ética, estética e epistemológica, in: Freitas, M. T. A; Jobim, S.; Kramer, S. (orgs.), *Ciências humanas e pesquisa; leituras de Mikhail Bakhtin*. São Paulo: Cortez, 2003.

____, *O pesquisador e seu outro: Bakhtin nas ciências humanas*. São Paulo: Musa Editora, 2004.

Amossy, R., O *ethos* na intersecção das disciplinas: retórica, pragmática, sociologia dos campos, in: Amossy, R. (org.), *Imagens de si no discurso: a construção do* ethos. São Paulo: Contexto, 2005.

Andrade, E. N., *Movimento negro juvenil: um estudo de caso de jovens* rappers *de São Bernardo do Campo*. (Mestrado). São Paulo: USP, 1996.

____, *Hip-hop*: movimento negro juvenil, in: Andrade, E. N., Rap *e educação*. Rap *é educação*. São Paulo: Selo Negro (Summus), 1999.

Andrews, G. R., *Negros e brancos em São Paulo: (1888-1988)*. Bauru: Edusc, 1998.

Araujo, C. A. M. et al., *Cidades negras: africanos, crioulos e espaços urbanos no Brasil escravista do século XIX*. São Paulo: Alameda Casa Editorial, 2008.

Araújo, M., Silva, G., Da interdição escolar às ações educacionais de sucesso: escolas dos movimentos negros e escolas profissionais técnicas e tecnológicas, in: Romão, J., *História da educação do negro e outras histórias*. Brasília: Ministério da Educação. Secretaria de Educação Continuada, Alfabetização e Diversidade, 2005.

Azevedo, A. M. G., Silva, S. J. Os sons que vêm das ruas, in: Andrade, E. N. (org.), Rap *e educação*. Rap *é educação*. São Paulo: Selo Negro (Summus), 1999, p. 65-82.

Austin, J. L., *Quando dizer é fazer*. Porto Alegre: Artes Médicas, 1990.

BAKTHIN, M./VOLÓSHINOV, V. N. ([1929], *Marxismo e filosofia da linguagem*. São Paulo: Hucitec, 1995.

BAKTHIN, M., *Estética da criação verbal*. São Paulo: Martins Fontes, 2003.

BARROS, S. A. P., Discutindo a escolarização da população negra em São Paulo entre o final do século XIX e início do século XX, in: ROMÃO, J., *História da educação do negro e outras histórias*. Brasília: Ministério da Educação. Secretaria de Educação Continuada, Alfabetização e Diversidade, 2005.

BARROS, D. L. P., FIORIN, J. L., *Dialogismo, polifonia e intertextualidade*. São Paulo: Edusp, 1994.

BARTON, D., HAMILTON, M., IVANIC, R. (orgs.), *Situated Literacies: Reading and Writing in Context*. Londres: Routlege, 2000.

BARTON, D., HAMILTON, M., Práticas de letramento, in: BARTON, D., HAMILTON, M., IVANIC, R. (orgs.), *Situated Literacies: Reading and Writing in Context*. London: Routledge, 2000.

BAUMAN, Z., *Identidade*. Rio de Janeiro: Zahar, 2005.

BLASS, L. M. S., *Estamos em greve! Imagens, gestos e palavras do movimento dos bancários, 1985*. São Paulo: Hucitec, 1992.

BENTO, M. A. S., CARONE, I. (orgs.), *Psicologia social do racismo: estudos sobre branquitude e branqueamento no Brasil*. Petrópolis: Vozes, 2002.

BERND, Z., *Literatura e identidade nacional*. Porto Alegre: EdUFRGS, 1992.

BEZERRA, P., Poliofonia, in: BRAIT, B. (org.), *Bakhtin: conceitos-chave*. Belo Horizonte: Editora da UFMG, 2000, p. 333-382.

BHABHA, H. K., *O local da cultura*. Belo Horizonte: Editora da UFMG, 1998.

BRASIL. *Lei 10.639/03, de 9 de janeiro de 2003*. Altera a Lei 9.394, de 20 de dezembro de 1996. D.O.U. de 23 de dezembro de 1996.

BRASIL, MINISTÉRIO DA EDUCAÇÃO. *Diretrizes Curriculares Nacionais e para a Educação das Relações Étnico-raciais e para o Ensino de História e Cultura Afro-Brasileira e Africana*. CNE/CP 003/2004, de 10 de março de 2004.

BRUNER, J., WEISSER, S., A invenção do ser; a autobiografia e suas formas, in: OLSON, D. R., TORRANCE, N. (org.), *Cultura, escrita e oralidade*. São Paulo: Ática, 1995.

BUNZEN, C. S., *Dinâmicas discursivas na aula de português: usos de livro didático e projetos didáticos autorais e construção de sentido*. (Doutorado). Campinas: IEL/UNICAMP, 2009.

CALDEIRA, T. P. R., *A política dos outros. O cotidiano dos moradores da periferia e o que pensam do poder e dos poderosos*. São Paulo: Brasiliense, 1984.

CAMERON, D., FRAZER, E., HARVEY, P., RAMPTON, M. B. H., RICHARDSON, K., *Researching Language. Issues of Power and Method*. Londres: Routledge, 1992.

CANCLINI, N. G., *Culturas híbridas — estratégias para entrar e sair da modernidade*. Rio de Janeiro: EDUSP, 2005.

CARBONI. F., MAESTRIO, M., *A linguagem escravizada, língua, história, poder e luta de classes*. São Paulo: Expressão Popular, 2003.

CARDOSO, M. N., *O movimento negro em Belo Horizonte: 1978-1998*. Belo Horizonte: Mazza Edições, 2002.

CARDOSO, P. J. F., A vida na escola e a escola da vida: experiências educativas de afrodescendentes em Santa Catarina no século XX, in: ROMÃO, J., *História da educação do negro e outras histórias*. Brasília: Ministério da Educação. Secretaria de Educação Continuada, Alfabetização e Diversidade. 2005.

CAVALLEIRO, E., *Do silêncio do lar, ao silêncio escolar*. São Paulo: Contexto, 2000.

CAVALLO, G., CHARTIER, R., *História da leitura no mundo ocidental*, vol. I. São Paulo: Ática, 1998.

De Certeau, M., *A invenção do cotidiano: artes de fazer*. Petrópolis: Vozes, 1994.

Cezerilo, A. A. Q. dos S., *Irmandades negras: outro espaço de luta e resistência (1870-1890)*. São Paulo: Annablume, 2002.

Charaudeau, P., Maingueneau, D., *Dicionário de análise do discurso*. São Paulo: Contexto, 2004.

Chartier, R., *Formas e sentido cultura escrita: entre distinção e apropriação*. Campinas: Mercado de Letras, Associação de Leitura do Brasil (ALB), 2003.

___, *A história cultural: entre práticas e representações*. Lisboa: Difel, 1990.

Coimbra, C. M. B., O atrevimento de resistir, in: Carvalho Filho, S. de A. et al. (orgs.), *Deserdados: dimensões das desigualdades sociais*. Rio de Janeiro: HP Comunicação, 2007.

Cruz, M. S., Uma abordagem sobre a história da educação dos negros, in: Romão, J., *História da educação do negro e outras histórias*. Brasília: Ministério da Educação. Secretaria de Educação Continuada, Alfabetização e Diversidade, 2005.

Cunha, L. M., A população negra nos conteúdos ministrados no curso normal e nas escolas públicas primárias de Pernambuco, de 1919 a 1934, in: Romão, J., *História da educação do negro e outras histórias*. Brasília: Ministério da Educação. Secretaria de Educação Continuada, Alfabetização e Diversidade, 2005.

Cunha, O. G. da, Depois da festa: movimentos negros e políticas de identidade, in: Alvarez, S. E., Dagnino, E., Escobar, A. (orgs.), *Cultura e política nos movimentos sociais latino-americanos*. Belo Horizonte: Editora da UFMG, 2000, p. 333-82.

Damascena, A. A., O caráter formativo da congada, in: Oliveiras, I., Gonçalves, P. B., Pinto, R. P. (orgs.), *Negro e educação: escola, identidades, cultura e políticas públicas*. São Paulo: Ação Educativa, ANPEd, 2005, p. 168-178.

Dayrell, J. T., *A música entra em cena: o rap e o* funk *na socialização da juventude*. Belo Horizonte: Editora da UFMG, 2005.

Dionisio, A. P. et al. (orgs.), *Gêneros textuais & ensino*. São Paulo: Parábola Editorial, 2010.

Erickson, F., Qualitative Methods in Research on Teaching, in: Wittrock, M. C. (orgs.), *Handbook of Research on Teaching: a Project of the American Educational Research Association*. Nova York: Macmillan Publishing Co., 1986.

___, Ethnographic Microanalysis of Interaction, in: Erickson, F., *The Handbook of Qualitative Research in Education*. Nova York: Academic Press, 1992.

Erickson, F., Shultz, J., O quando de um contexto: questões e métodos na análise de competência social, in: Ribeiro, B. T., Garcez, P. M., *Sociolinguística interacional*. São Paulo: Loyola, 2002.

Félix, J. B. J., *Chic Show e Zimbabwe a construção da identidade nos bailes* black *paulistanos*. (Mestrado). São Paulo: Faculdade de Filosofia Letras e Ciências Humanas da Universidade de São Paulo, 2000.

___, *Hip-hop: política e cultura no contexto paulistano*. (Doutorado). São Paulo: Faculdade de Filosofia, Letras e Ciências Humanas da Universidade de São Paulo, 2006.

Figueiredo, A., *Novas elites de cor: estudo sobre os profissionais liberais negros de Salvador*. São Paulo: Annablume, Sociedade Brasileira de Instrução, Centro de Estudos Afro-Asiáticos, 2002.

Fonseca, M. D., Pretos, pardos, crioulos e cabras nas escolas mineiras do século XIX, in: Romão, J., *História da educação do negro e outras histórias*. Brasília: Ministério da Educação. Secretaria de Educação Continuada, Alfabetização e Diversidade, 2005.

___, As primeiras práticas educacionais com características modernas em relação aos negros no Brasil, in: Concurso Negro e Educação, *Negro e educação: presença do negro no sistema educacional brasileiro*. São Paulo: ANPEd, Ação Educativa, 2001, p. 11-36.

Galvão, A. M. O., Oralidade, memória e a mediação do outro: práticas de letramento entre sujeitos com baixos níveis de escolarização — o caso do cordel (1930 -1950). *Educação & Sociedade*. Campinas, vol. 1, n. 1, p. 247-272.

GATTI, B. A., *Grupo focal na pesquisa em ciências sociais e humanas.* Brasília: Líber Livro Editora, 2005.

GEE, J., *Social Linguistics and Literacies. Ideologies in Discourses.* Hampshire: The Falmer Press, 1990.

GIACOMINI, S. M., *A alma da festa: família, etnicidade e projetos num clube social da zona norte do Rio de Janeiro: O Renascença Clube.* Belo Horizonte — Rio de Janeiro: Editora da UFMG — IUPERJ, 2006.

GIDDENS, A., *Sociologia.* Porto Alegre: Artmed, 2005.

GILROY, P., *O Atlântico negro: modernidade e dupla consciência.* São Paulo — Rio de Janeiro: Ed. 34 — Universidade Candido Mendes, Centro de Estudos Afro-Asiáticos, 2001.

GNERRE, M., *Linguagem, escrita e poder.* São Paulo: Martins Fontes, 1991.

GOHN, M. G., *Teoria dos movimentos sociais: paradigmas clássicos e contemporâneos.* São Paulo: Loyola, 2002.

GOMES, N. L., *Sem perder a raiz.* Belo Horizonte: Autêntica, 2006.

___, *Rappers*, educação e identidade racial, in: LIMA, I., ROMÃO, J., SILVEIRA, S. M. (orgs.), *Educação popular afro-brasileira.* Florianópolis: Núcleo de Estudos Negros.

___, *A mulher negra que vi de perto: O processo de construção da identidade racial de professoras negras.* Belo Horizonte: Mazza, 1995.

___, Educação cidadã, etnia e raça: o trato pedagógico da diversidade, in: CAVALLEIRO, E. (org.), *Racismo e antirracismo na educação: repensando nossa escola.* São Paulo: Summus/Selo Negro, 2001.

___, Escola e diversidade étnico-cultural: um diálogo possível, in: DAYRELL, J. (org.), *Múltiplos olhares sobre educação e cultura.* Belo Horizonte: Editora da UFMG, 1996.

___, Cultura negra e educação. *Revista Brasileira de Educação,* Rio de Janeiro, n. 23, 2003.

GONÇALVES, L. A. O., *Silêncio: um ritual pedagógico a favor da discriminação.* (Mestrado). Belo Horizonte: Faculdade de Educação da UFMG, 1985.

___, Negro e educação no Brasil, in: *500 anos de educação no Brasil.* Belo Horizonte: Autêntica, 2000.

GONÇALVES, L. A. O., SILVA, P. B. G., *O jogo das diferenças: o multiculturalismo e seus contextos.* Belo Horizonte: Autêntica, 1998.

GONÇALVES, M. G., *Racionais* Mc's: *o discurso possível de uma juventude excluída.* (Doutorado). São Paulo: Faculdade de Educação da USP, 2001.

GONÇALVES, P. B., Aprender a conduzir a própria vida: dimensões do educar-se entre afrodescendentes e africanos, in: BARBOSA, L. M. A. et al., *De preto a afrodescendente.* São Carlos: EdUFSCar, 2003.

GUEDES-PINTO, A. L. et al., Percursos de letramento de professores: narrativas em foco, in: KLEIMAN, A. B., MATENCIO, M. de L. M. (orgs.), *Letramento e formação do professor: práticas discursivas, representações e construção do saber.* Campinas: Mercado de Letras, 2005.

GUIMARÃES, A. S. A., *Tirando a máscara: ensaios sobre o racismo no Brasil.* São Paulo: Paz e Terra, 2000.

HALL, S., *A identidade cultural na pós-modernidade.* Rio de Janeiro: DP&A, 2003a.

___, *Da diáspora: Identidade e mediações culturais.* Org.: L. Sovik; trad.: A. La Guardiã Resende ... [et al.]. Belo Horizonte — Brasília: Editora UFMG — Representação da UNESCO no Brasil, 2003b.

HALL, E. T., *A dimensão oculta.* Lisboa: Relógio D'Água Ed., 1986.

HAMILTON, M., Explorando letramentos situados, in: BARTON, D., HAMILTON, M., IVANIC, R., (orgs.), *Situated Literacies.* Londres: Routledge, 2000, p. 1-6.

HENRIQUES, R., *Desigualdade racial no Brasil: evolução das condições de vida na década de 90.* Rio de Janeiro: IPEA, 2001.

Herschmann, M., *O* funk *e o* hip-hop *invadem a cena*. Rio de Janeiro: Editora da UFRJ, 2000.

Hobsbawm, E., Ranger, T. (orgs.), *A invenção das tradições*. São Paulo: Paz e Terra, 2002.

Houaiss, A., Villar, M. S., Fraco, F. M. M., *Dicionário da língua portuguesa*. Rio de Janeiro: Objetiva, 2001.

Hymes, D., *Ethnography, Linguistics, Narrative Inequality: Toward a Understanding of Voice*. Bristol: Taylor & Francis, 1996.

Jovino, I. S., El *rap* como práctica cultural juvenil negra. *Boletín IFP*. Santiago, ano 2, n. 6, maio de 2004.

___, *As minas e os manos têm a palavra*. 2005. (Mestrado). São Carlos: Faculdade de Educação da UFSCAR, 2005.

Kleiman, A. B., Modelos de letramento e as práticas de alfabetização na escola, in: Kleiman, A. B. (org.), *Os significados do letramento*. Campinas: Mercado de Letras, 1995.

___, Processos identitários na formação profissional: o professor como agente de letramento, in: Correa, M., Boch, F. (orgs.), *Ensino de língua: representação e letramento*. Campinas: Mercado de Letras, 2006b.

___, Concepções da escrita na escola e formação do professor, in: Valente, A. (org.), *Aulas de português, perspectivas inovadoras*. Petrópolis: Editora Vozes, 1998.

___, *Formação do professor: processos de retextualização e práticas de letramento*. São Paulo: Fapesp, 2002.

___, *Preciso ensinar o letramento? Não basta ensinar a ler e escrever?* Campinas: Cefiel-Unicamp; MEC, 2005.

___, Leitura e prática social no desenvolvimento de competências no ensino médio, in: Bunzen, C., Mendonça, M. (orgs.), *Português no ensino médio e formação do professor*. São Paulo: Parábola Editorial, 2006a.

___, O processo de aculturação pela escrita: ensino da forma ou aprendizagem da função?, in: Kleiman, A. B., Signorini, I. (orgs.), *O ensino e a formação do professor: alfabetização de jovens e adultos*. Porto Alegre: Artmed, 2000, p. 223-243.

___, Letramento e formação do professor: quais as práticas e exigências no local de trabalho?, in: Kleiman, A. B. (org.), *A formação do professor: perspectivas da linguística aplicada*. Campinas: Mercado de Letras, 2001, p. 39-68.

___, Professores e agentes de letramento: identidade e posicionamento social. *Revista Educação e Sociedade*, São Paulo: USP. [no prelo].

King, J., College, M. E., Usando o pensamento africano e o conhecimento nativo da comunidade, in: Gomes, L. N., Silva, P. G., *Experiências etnoculturais para a formação de professores*. Belo Horizonte: Autêntica, 2002.

Koch, I. G. V., Morato, E. M., Bentes, A. C., *Referenciação e discurso*. São Paulo: Contexto, 2005.

___, *Desvendando os segredos do texto*. São Paulo: Cortez Editora, 2002.

Lahire, B., *Homem plural: os determinantes da ação*. Petrópolis: Vozes, 2002.

___, *Sucesso escolar nos meios populares: as razões do improvável*. São Paulo: Ática, 1997.

Lakoff, G., Johnson, M., *Metáforas da vida cotidiana*. Campinas: Mercado de Letras, 2002.

Lima, M. N. M. de (org.), *Por que e como formar professores(as) em história e cultura afro-brasileira e africana. Escola plural*. São Paulo: Cortez, Brasília: UNICEF, Salvador: CEAFRO, 2005.

Lindolfo Filho, J., *Hip-hopper*: Tribos urbanas, metrópoles e controle social, in: Pais, J. M. E., Blass, L. M. S. (orgs.), *Tribos urbanas: produção artística e identidades*. São Paulo: Annablume, 2004.

Luz, I. M., Compassos letrados: trabalhadores negros entre a instrução e o ofício em Pernambuco (1830-1860), in: Oliveira, I., Aguiar, M. Â., Silva, P., Oliveira, R., de (orgs.), *Negro e educação 4: Linguagens, educação, resistências, políticas públicas.* São Paulo: Ação Educativa, ANPED, 2008, vol. 4, p. 5-336.

MACEDO, M. J., Hora de trançar os braços, hora de dançar samba rock. *Revista Histórica do Arquivo do Estado de São Paulo e da Imprensa Oficial do Estado de São Paulo.* São Paulo, n. 15, jul-set., 2004.

MAINGUENEAU, D., *Ethos*, cenografia, incorporação, in: AMOSSY, R. (org.), *Imagens de si no discurso: a construção do* ethos. São Paulo: Contexto, 2005.

MATENCIO, M. de L. M., *Estudo da língua falada e aula de língua materna: uma abordagem processual da interação professor/alunos.* Campinas: Mercado de Letras, 2001.

MATENCIO, M. de L. M., SILVA, J. Q. G., Referência pessoal e jogo interlocutivo: efeitos identitários, in: KLEIMAN, A. B. E MATENCIO, M. L. M. (orgs.), *Letramento e formação do professor: práticas discursivas, representações e construção do saber.* Campinas: Mercado de Letras, 2005.

____, A leitura na formação e atuação do professor da Educação Básica, in: MARI, H. et al. (orgs.), *Ensaios sobre a leitura.* Belo Horizonte: CIPEL/PUC-MINAS, 2005.

____, Letramento na formação do professor: integração a práticas discursivas acadêmicas e construção da identidade profissional, in: CORREA, M. L. G.; BOCH, F. (orgs.), *Ensino de Língua: representação e letramento.* Campinas: Mercado de Letras, 2006.

____, Referenciação e retextualização de textos acadêmicos: um estudo do resumo e da resenha, in: Congresso Internacional da ABRALIN, III. *Anais.* Rio de Janeiro: UFRJ, 2003, p. 110-120.

MCLAREN, P., Pedagogia gangsta e guetocentrismo: a nação *hip-hop* como uma esfera contrapública, in: MCLAREN, P., *Multiculturamismo revolucionário: pedagogia do dissenso para o novo milênio.* Porto Alegre: Artes Médicas Sul, 2000.

MAGNANI, J. G. C., Os circuitos dos jovens urbanos. *Tempo Social: Revista de Sociologia da USP*, São Paulo, vol. 17, n. 2, nov. 2005.

MAGRO, V. M. M., Adolescentes como autores de si próprios: cotidiano, educação e o *hip-hop. Caderno Cedes*, vol. 22, n. 57, ago. 2002.

MAINGUENEAU, D., *Análise de textos de comunicação.* São Paulo: Cortez, 2004.

____, *Ethos*, cenografia, incorporação, in: AMOSSY, R. (org.), *Imagens de si no discurso: a construção do ethos.* São Paulo: Contexto, 2005, pp. 69-92.

MALACHIAS, R., *Ação transcultural: a visibilidade da Juventude Negra nos bailes* black *de São Paulo (Brasil) e Havana (Cuba).* (Mestrado). São Paulo: PROLAM, Universidade de São Paulo, 2000.

MEURER, J. L., BONINI, A., MOTTA-ROTH, D. (orgs.). *Gêneros — teorias, métodos e debates.* São Paulo: Parábola Editorial, 2005.

MOITA LOPES, L. P., *Identidades fragmentadas: a construção discursiva de raça, gênero e sexualidade em sala de aula.* Campinas: Mercado de Letras, 2002.

MORAIS, C. C., Ler e escrever: habilidades de escravos e forros? Comarca do Rio das Mortes, Minas Gerais, 1731-1850. *Revista Brasileira de Educação*, Rio de Janeiro, vol. 12, n. 36, set./dez. 2007.

MOTTA-ROTH, D., Questões de metodologia em análise de gêneros, in: KARWOSKI, A., GAYDECZA, B., BRITO, K. S. (orgs.), *Gêneros textuais: reflexões e ensino.* São Paulo: Parábola Editorial, 2011.

MOVIMENTO NEGRO UNIFICADO. *1978-1988: 10 anos de luta contra o racismo.* São Paulo: Confraria do Livro, 1988.

MOYSÉS, S. M. A., Literatura e história: imagens de leitura e de leitores no Brasil no século XIX. *Revista Brasileira de Educação*, Rio de Janeiro, vol. 0, set./dez. 1995.

MUNANGA, K., As facetas de um racismo silenciado, in: SCHWARCZ, L. M., QUEIROZ, R. da S., *Raça e diversidade*. São Paulo: Edusp, 1996.

___, *Uma abordagem conceitual das noções de raça, racismo, identidade e etnia*. Niterói: Programa de Educação Sobre o Negro na Sociedade Brasileira, EdUFF, 2004.

PAIXÃO, M., CARVANO, L. M., *Relatório anual das desigualdades raciais no Brasil: 2007-2008*. Rio de Janeiro: Instituto de Economia da UFRJ, Editora Garamond, 2008.

PEREIRA, I. Ação política: fator de constituição do letramento do analfabeto adulto, in: KLEIMAN, A. B. (org.), *Os significados do letramento: uma nova perspectiva sobre a prática social da escrita*. Campinas: Mercado de Letras. 1995.

PIRES, R. de A., *Narrativas quilombolas: Negros em contos, de Cuti e Mayombe, de Pepetela*. (Mestrado). Belo Horizonte: Universidade Federal de Minhas Gerais, 1998.

POCHMANN, M., *Políticas de inclusão social*. São Paulo: Cortez, 2004.

QUINTÃO, A. A., *Irmandades negras: outro espaço de luta e resistência*. São Paulo: Annablume/ Fapesp, 2002.

RAJAGOPALAN, K., *Por uma linguística crítica: linguagem, identidade e a questão ética*. São Paulo: Parábola Editorial, 2003.

___, Teorizando a resistência, in: SILVA, D. E., VIEIRA, J. (org.), *Análise do discurso: percursos teóricos e metodológicos*. Brasília: UnB; Oficina Editoria do Instituto de Letras; Plano, 2002, p. 203-220.

REID, G. A., *Negros e brancos em São Paulo (1888 — 1988)*. Trad.: M. Lopes. Bauru: Edusc, 1998.

REIS, J. J., A sociedade malê: organização e proselitismo, in: REIS, J. J., *Rebelião escrava no Brasil: a história do levante dos malês em 1835*. São Paulo: Cia. das Letras, 2003.

RIBEIRO, V. M., Uma perspectiva para os estudos do letramento: lições de um projeto em curso, in: KLEIMAN, A. B., MATENCIO, M. de L. M. (orgs.), *Letramento e formação do professor: práticas discursivas, representações e construção do saber*. Campinas: Mercado de Letras, 2005.

ROCHA , A. M., Oficina e festival de *hip-hop* da cidade Tiradentes, in: *Jovens negros em São Paulo. Autoestima e participação*. Brasília: Fundação Cultural Palmares/Minc. *Revista Palmares*, n. 4, p. 11, out. 2000.

ROJO, R., *Letramentos múltiplos, escola e inclusão social*. São Paulo: Parábola Editorial, 2009.

SADER, E., *Quando novos personagens entraram em cena. Experiências, falas e lutas dos trabalhadores da Grande São Paulo (1970-1980)*. Rio de Janeiro: Paz e Terra, 1988.

SANTOS, H., *A busca de um caminho para o Brasil. A trilha do círculo vicioso*. São Paulo: Editora SENAC São Paulo, 2001.

SANTOS, M., Território e dinheiro, in: Programa de Pós-Graduação em Geografia da UFF. *Território, Territórios*. Niterói: PPGEO-UFF/AGB, 2002.

SHUSTERMAN, R., *Vivendo a arte: o pensamento pragmatista e a estética popular*. São Paulo: Editora 34, 1998.

SILVA, A. M. P., *Aprender com perfeição e sem coação: uma escola para meninos pretos e pardos na Corte*. Brasília: Editora Plano, 2002.

SILVA, J. C. G., Arte e educação: a experiência do movimento *hip-hop* paulistano, in: SILVA, J. C. G., Rap *e educação*. Rap *é educação*. São Paulo: Selo Negro (Summus), 1999.

SILVA, T. T. (org.), *Identidade e diferença: a perspectiva dos estudos culturais*. Petrópolis: Vozes, 2000.

SILVA, V. G. da, *O antropólogo e sua magia: trabalho de campo e texto etnográfico nas pesquisas antropológicas sobre religiões afro-brasileiras*. São Paulo: EDUSP, 2000.

SILVA, J. C. G., Rap *na cidade de São Paulo: música, etnicidade e experiência urbana. 1998*. (Doutorado). Campinas: UNICAMP, 1998.

___, A arte e educação: a experiência do movimento *hip-hop* paulistano, in: ANDRADE, E., Rap *e educação:* rap *é educação*. São Paulo: Sumus/Selo Negro, 1999.

SILVA, P. B. G., Aprender a conduzir a própria vida: dimensões do educar-se entre afrodescendentes e africanos, in: SILVA, P. B. G. et al. (orgs.), *De preto a afrodescendente: trajetos de pesquisa sobre relações étnico-raciais no Brasil*. São Carlos: Edufscar, 2003, p. 181-97.

___, Dimensões e sobrevivências de pensamentos em educação em territórios africanos e afro-brasileiros, in: LIMA, I., SILVEIRA, S. M. (orgs.), *Negros, territórios e educação*. Florianópolis: Núcleo de Estudos Negros, n. 7 (nov/2000), p. 378-388.

SODRÉ, M., *A verdade seduzida*. Rio de Janeiro: Francisco Alves, 1988.

SOUZA, A. L. S. et al., *De Olho na cultura: um ponto de vista afro-brasileiro*. Salvador — Brasília: Centro de Estudos Afro-Orientais (CEAO/UFBA) — Fundação Cultural Palmares, 2005.

STAM, R., *Bakhtin: da teoria literária à cultura de massa*. São Paulo: Ática, 1992.

STREET, B. V., *Literacy in Theory and Pratice*. Cambridge: Cambridge University Press, 1984.

TÁPIAS-OLIVEIRA, E. M., *Construção identitária profissional no ensino superior: prática diarista e formação do professor*. (Doutorado). Campinas: Programa de Pós-Graduação em Linguística Aplicada, Unicamp, 2006.

THEODORO, M. (org.), *As políticas públicas e a desigualdade racial no Brasil: 120 anos após a abolição*. Brasília: IPEA, 2008.

VIEIRA, L., *Cidadania e globalização*. Rio de Janeiro: Record, 1998.

VOVIO, C. L., SOUZA, A. L. S., Desafios metodológicos em pesquisas sobre letramento, in: KLEIMAN, A. B., MATENCIO, M. de L. M. (orgs.), *Letramento e formação do professor: práticas discursivas, representações e construção do saber*. Campinas: Mercado de Letras, 2005.

VOVIO, C. L., *Entre discursos: sentidos, práticas e identidades leitoras de alfabetizadores de jovens e adultos*. (Doutorado). Campinas: IEL/UNICAMP, 2007.

CONVENÇÕES DE TRANSCRIÇÃO

Convenções de transcrição baseadas em SCHNACK, C. M, PISONI, T. D., OSTERMANN, A. C., Transcrição de fala: do evento real à representação escrita. *Entrelinhas*, São Leopoldo, vol. 2, n. 2, p. 2, 2005. <http://www.entrelinhas.unisinos.br/index.php?e=2&s=9&a=12>	
= **Fala colada**	Indica que não há espaço entre a fala de um interlocutor e a fala XX: quando eu soube [texto] XX
(1.2) pausa	A pausa é medida em segundos ou décimos de segundos. Representa a ausência de fala ou vocalização
(.) **Micropausa**	Equivale a menos de 0.2 segundos de ausência de fala ou vocalização
, **Entonação contínua**	Indica entonação contínua, como ao listar itens
. **Entonação descendente**	Indica entonação descendente e fina
? **Entonação ascendente**	Indica entonação ascendente
- **Interrupção abrupta da fala**	Interrupção abrupta da fala em curso
: **Alongamento de som**	Indica alongamento de vogal ou consoante
>texto< **Fala mais rápida**	Indica fala mais rápida em relação ao contexto anterior e posterior de fala
<texto > **Fala mais lenta**	Indica fala mais lenta em relação ao contexto anterior e posterior de fala
°texto° **Fala com volume mais baixo**	Indica fala mais baixa em relação ao contexto anterior e posterior de fala
TEXTO **Fala com volume mais alto**	Indica volume mais alto em relação ao contexto anterior e posterior de fala
Texto **Sílaba, palavra ou som acentuado**	Indica sílaba, palavra ou som acentuado
↑↓ **Setas**	Indicam aumento ou diminuição na entonação
hhh	Expiração audível
.hhh	Inspiração audível
(texto) **Dúvidas**	Dúvidas na transcrição
XXXX inaudível	Indicam sílabas que não foram possíveis transcrever
((texto)) **comentários**	Comentários da transcritora
@@@ **Risada**	Pulsos de risada

DIGA NÃO À CÓPIA
pratique essa ideia

Quando você copia uma obra, está contribuindo para que nos próximos anos os alunos não tenham mais o que copiar, porque:

1. Não haverá autores interessados em produzir textos. A produção de um livro demanda muito tempo, formação específica e dedicação, e eles precisam trabalhar para viver.

2. Também não haverá editoras interessadas em investir em uma obra que ficará estocada, especialmente quando se tratar de obras traduzidas. Os alunos do futuro terão de ler as obras na língua em que foram editadas.

3. E mais: você está contribuindo para acabar com o emprego de funcionários de gráficas, editoras, para o fechamento de livrarias, para o empobrecimento da cultura do país, além, é claro, de violar a lei de direitos autorais (Lei nº 9.610/98), praticando um CRIME previsto no artigo 184 do Código Penal, sem prejuízo de ter que reparar o dano causado.

Além do mais, cópias se perdem ao longo do tempo. O livro não. Ele é para sempre, pode ser repassado a outras pessoas, é fundamental para a formação de todo profissional que se pretenda competente. Todo bom profissional precisa de uma biblioteca própria. Para isso a Parábola Editorial contribui pondo no mercado livros com qualidade gráfica e de conteúdo a melhor preço que a cópia.

DIGA NÃO À CÓPIA. Pratique essa ideia!

Quando você diz não à cópia, está dizendo não à violência e à falta de ética... Pode não parecer, mas quando copia uma obra na qual se empenhou tanto trabalho para que ela virasse um livro e chegasse ao mercado, você está colaborando com a corrupção que alimenta nosso crônico atraso!

ESTRATÉGIAS de ENSINO

1. *O ensino do espanhol no Brasil*, João Sedycias [org.]
2. *Português no ensino médio e formação do professor*, Clecio Bunzen & Márcia Mendonça [orgs.]
3. *Gêneros catalisadores — letramento e formação do professor*, Inês Signorini [org.]
4. *A formação do professor de português — que língua vamos ensinar?*, Paulo Coimbra Guedes
5. *Muito além da gramática — por um ensino de línguas sem pedras no caminho*, Irandé Antunes
6. *Ensinar o brasileiro — respostas a 50 perguntas de professores de língua materna*, Celso Ferrarezi Jr.
7. *Semântica para a educação básica*, Celso Ferrarezi Jr.
8. *O professor pesquisador — introdução à pesquisa qualitativa*, Stella Maris Bortoni-Ricardo
9. *Letramento em EJA*, Maria Cecilia Mollica & Marisa Leal
10. *Língua, texto e ensino — outra escola possível*, Irandé Antunes
11. *Ensino e aprendizagem de língua inglesa — conversas com especialistas*, Diógenes Cândido de Lima [org.]
12. *Da redação à produção textual — o ensino da escrita*, Paulo Coimbra Guedes
13. *Letramentos múltiplos, escola e inclusão social*, Roxane Rojo
14. *Libras? Que língua é essa?*, Audrei Gesser
15. *Didática de línguas estrangeiras*, Pierre Martinez
16. *A palavra e a sentença — estudo introdutório*, Ronaldo de Oliveira Batista
17. *Coisas que todo professor de português precisa saber*, Luciano Amaral Oliveira
18. *Gêneros textuais & ensino*, Angela Paiva Dionisio, Anna Rachel Machado & Maria Auxiliadora Bezerra [orgs.]
19. *As cadeias do texto — construindo sentidos*, Cláudia Roncarati
20. *Produção textual na universidade*, Désirée Motta-Roth & Graciela Rabuske Hendges
21. *Análise de textos — fundamentos e práticas*, Irandé Antunes
22. *Dicionários escolares — políticas, formas & usos*, Orlene Lúcia de Sabóia Carvalho & Marcos Bagno [orgs.]
23. *Inglês em escolas públicas não funciona? Uma questão, múltiplos olhares*, Diógenes Cândido de Lima [org.]
24. *Dicionários na teoria e na prática — como e para quem são feitos*, Claudia Xatara, Cleci Regina Bevilacqua & Philippe Humblé
25. *Gêneros textuais — reflexões e ensino*, Acir Mário Karwoski, Beatriz Gaydeczka & Karim S. Brito
26. *Letramentos de reexistência — poesia, grafite, música, dança: hip-hop*, Ana Lúcia Silva Souza
27. *Pesquisar no labirinto — a tese, um desafio possível*, Francisco Perujo Serrano
28. *O território das palavras — estudo do léxico em sala de aula*, Irandé Antunes
29. *Multiletramentos na escola*, Roxane Rojo & Eduardo Moura [orgs.]
30. *Leitura e mediação pedagógica*, Stella Maris Bortoni-Ricardo et alii [org.]
31. *Numeramento — aquisição das competências matemáticas*, Michel Fayol
32. *Letramentos no ensino médio*, Ana Lúcia Silva Souza, Ana Paula Corti & Márcia Mendonça
33. *Neologia em português*, Margarita Correia & Gladis Maria de Barcellos Almeida
34. *Língua e literatura: Machado de Assis na sala de aula*, Alexandre Huady T. Guimarães & Ronaldo de Oliveira Batista
35. *O ouvinte e a surdez — sobre ensinar e aprender a libras*, Audrei Gesser
36. *Ensinar na universidade — conselhos práticos, dicas, métodos pedagógicos*, Markus Brauer
37. *Os doze trabalhos de Hércules — do oral para o escrito*, Stella Maris Bortoni-Ricardo & Veruska Ribeiro Machado [orgs.]
38. *Múltiplas linguagens para o ensino médio*, Clecio Bunzen & Márcia Mendonça [orgs.]
39. *Leitura de literatura na escola*, Maria Amélia Dalvi, Neide Luzia de Rezende & Rita Jover-Faleiros [orgs.]
40. *Escol@ conectada — os multiletramentos e as tics*, Roxane Rojo [org.]
41. *Sete erros aos quatro ventos — a variação linguística no ensino de português*, Marcos Bagno
42. *Cenas surdas: os surdos terão lugar no coração do mundo?*, Renato Dente Luz
43. *Aquisição de linguagem*, Michèlle Kail
44. *Métodos de ensino de inglês — teorias, práticas, ideologias*, Luciano Amaral Oliveira
45. *Aquisição da escrita*, Michel Fayol
46. *Pedagogia do silenciamento — a escola brasileira e o ensino de língua materna*, Celso Ferrarezi Jr.
47. *Por que a escola não ensina gramática assim?*, Stella Maris Bortoni-Ricardo et al. [orgs.]
48. *Aquisição de segunda língua*, Vera Lúcia Menezes de Oliveira e Paiva
49. *Gramática contextualizada — limpando "o pó das ideias simples"*, Irandé Antunes
50. *Língua, Linguagem, linguística — pondo os pingos nos ii*, Marcos Bagno
51. *Hipermodernidade, multiletramentos e gêneros discursivos*, Roxane Rojo & Jacqueline Barbosa
52. *Produzir textos na educação básica — o que saber, como fazer*, Celso Ferrarezi Jr. & Robson S. de Carvalho
53. *Faça a diferença — ensinar línguas estrangeiras na educação básica*, Alex Garcia da Cunha & Laura Miccoli [orgs.]
54. Coaching *instrucional — formação continuada e ensino de línguas*, Alex Garcia da Cunha
55. *Fonologia, fonética e ensino — guia introdutório*, Mikaela Roberto
56. *De alunos a leitores — o ensino da leitura na educação básica*, Celso Ferrarezi Jr. & Robson S. de Carvalho
57. *Enunciado de atividades e tarefas escolares — modos de fazer*, Denise Lino de Araújo
58. *Tiras no ensino*, Paulo Ramos
59. *O mundo na sala de aula — intertextualidade nos anos finais do ensino fundamental*, Maria Silvia Gonçalves
60. *Textualidade — noções básicas e implicações pedagógicas*, Irandé Antunes
61. *Poesia na sala de aula*, Hélder Pinheiro
62. *Ensinar a ler, aprender a avaliar — avaliação diagnóstica das habilidades de leitura*, Robson S. de Carvalho
63. *Oralidade na educação básica — o que saber, como ensinar*, Robson Santos de Carvalho & Celso Ferrarezi Jr.
64. *Vygotsky — a interação no ensino/aprendizagem de línguas*, Francisco José Quaresma de Figueiredo
65. *Intercompreensão — a chave para as línguas*, Pierre Escudé & Francisco Calvo del Olmo
66. *A alfabetização de idosos — um tema urgente no Brasil*, Kátia Abreu & Maria Carlota Rosa
67. *A função da literatura na escola — resistência, mediação e formação leitora*, Maria do Socorro A. N. Macedo [org.]
68. *A oralidade no ensino de línguas estrangeiras*, José Ricardo Dordron de Pinho [org.]
69. *A avaliação na escola — Guia de conceitos e práticas*, Robson Santos de Carvalho
70. *Aprendendo com os erros — uma perspectiva comunicativa do ensino de línguas*, Francisco José Quaresma de Figueiredo
71. *Português escrito para surdos*, Sueli Fernandes, Maria Cristina da C. Pereira & Maria Clara M. de Araújo Ribeiro [orgs.]
72. *Educação infantil — diálogos docentes no cotidiano escolar*, Cristina Bohn Citolin, Edson Carpes Camargo, Graziele Silva dos Santos & Maiquel Röhrig

Esta obra foi composta em Cambria 11/15
e impressa em papel Avena 80g
para a **Parábola Editorial** em setembro de 2025.

Impressão e acabamento:
Forma Certa